그리다가, 뭉클

· 맞춤법과 표기는 국립국어원의 용례를 따랐으나 작가 고유의 글맛을 살리기 위해 일부 표기는 그대로 두었습니다.

이기주 에세이

그리다가, 뭉클

매일이 특별해지는
순간의 기록

Tree of Life (winter)
SALON DE ETERNAL JOURNEY ⓒ GADYOUNG

터닝페이지

작가의 글

생이 유한하다고 느껴지는 나이가 되었다. 어쩌면 이때부터 일상이 더 소중해졌고, 그림과 글쓰기가 그래서 시작됐는지도 모른다. 매일 스쳐 지나가던 편의점이 유의미해졌고 매일 다니던 골목이 좋아졌다. 모든 일상을 관찰하게 되면서 발견한 신비하고 오묘한 삶의 모습에 적잖이 감동을 받기도 했다. 오래된 추억의 장소를 그릴 때면 그때의 이야기가 떠올라 아련함으로 울컥하기도 했으며, 평범한 나무 하나를 그리다가도 그림이란 게 어쩜 이렇게 인생을 닮았을까 하는 생각에 뭉클했던 적도 많았다. 생의 한 컷과 한 줄의 이야기가 기록되고 쌓이면서 살아가는 순간순간이 역사가 되었다. 감춰졌던 삶의 모습들이 드러나면서 덤으로 삶이 재미있어지기 시작했다.

어렸을 때부터 우리는 일상적으로 그림을 그리고 글을 쓰며 놀곤 했다. 어느 날부터 무슨 이유인지 그림과 글을 멀리 두고 산 것뿐이다. 유튜브를 시작하면서 이런 그림에 대한 아련함을 건드렸더니 많은 사람들이 모여들기 시작했다. 그림에 대한 저마다의 사연이 있었고 다시 그림을 그리기 시작해서 좋았다는 반응에 솔직히 놀라기도 했다. 그림과 글은 누군가의 특별한 재주라기보다는 누구나 가지고 있는 본능일 수도 있겠다는 생각을 한 것도 그때부터였다.

그림과 글은 마음을 부지런히 쓰는 일이다. 그래서 정신 건강에 딱 좋은 운동법이라고 생각했다. 무언가를 그리려면 마음이 움직여야 하고 글을 쓰기 위해 의미를 찾게 되면서 마음을 뒤적거려야 하기 때문이다. 육체의 건강만큼 정신 건강도 잘 챙기려면 더 그리고 더 쓰는 쪽을 택하는 것이 좋겠다고 생각한 이유이기도 하다. 그림이나 글이나 무용한 것이 아니라 어쩌면 꽤나 유용한 지혜일지도 모른다.

  이 책은 그림을 자랑하는 화보도 아니고 글을 뽐내는 문학은 더더욱 아니다. 유한한 인생을 값지게 보내고 싶은 사람들끼리 돌려 볼 수 있는 인생 나눔의 책이다. 누구나 겪었을 순간의 장면과 한 번쯤은 생각했던 이야기를 정리해 놓은 소소한 우리들의 일상 모음집이다. '내 생각도 이랬어', '나도 그랬지'라는 말이 튀어나왔으면 좋겠고, 어떤 순간에 대해서는 '이렇게 생각할 수도 있는 거구나'라고 위로도 받았으면 한다. 어쩌면 누군가도 나처럼 살고 있다는 사실에 공감과 위로를 얻는 정도면 참 좋겠다. 녹록하지만은 않은 우리의 일상에 응원을 얻으면 더 좋겠다. 그래서 우리 일상의 모든 것들이 꽤나 소중해지는 작은 변화를 일으키기를 바란다. 그래서, 다시 그림 그리기를 시작했으면 좋겠다.

이기주 드림

차례

작가의 글   4

나는 이렇게 그림을 그린다   10

그림 그리면서 알게 된 것들   17

그림은 손재주가 아니라 눈재주다   45

어련히 그릴 수 있는 건 없어   67

아름답게 보는 재주   87

소질껏, 만날 수 없어서 사라진다 했을까?   107

인생이 선긋기 같더라   131

악마는 디테일에 있다 151

지우개의 쓸모 173

왜 그리는 그림, 왜 사는 인생 191

빛은 어둠으로 그린다 215

그림은 시간으로 그린다 233

물은 사라지더라도 추억은 스며든다 249

그림은 나이로 그린다 267

나는 이렇게 그림을 그린다

토요일 오전에는 그림을 그린다. 가장 여유로우니까 감정까지 말랑해서 그렇다. 눈 비비고 서재에 앉아 기지개 한 번 켜고 가장 먼저 무엇을 그릴지 선택한다. 언젠가 그릴 요량으로 미리 찍어 둔 사진들을 휴대폰에서 뒤적거린다. 일상에서 직접 경험한 것을 그리는 건 그림에 대한 고집 중 하나다. 맘에 드는 사진이 정해지면 어울리는 펜을 골라 꺼낸다. 수채 물감 세트를 열고 팔레트를 닦은 다음 투명한 물통에 맑은 물을 담는다. 새하얀 도화지를 펼칠 때 살짝 두려움이 찾아오지만 이내 설렘으로 그림 채비를 마친다.

바로 그림을 그리지는 않는다. 우선 막 쓰는 종이를 펴고 아무거나 그린다. 동그라미를 그리고 해칭도 그어보고 사람이
나 나무도 그려본다. 일종의 낙서인데 손 근육을 푸는 좋은 방법이다. 사실 그림 그리기는 손재주보다 눈재주가 더 중요하다. 그런데도 우리는 늘 손을 문제 삼는다. 재능을 타고나지 않아서 손이 말을 안 듣는다는 이야기를 자주 접한다. 손은 억울하다. 어렸을 때 젓가락질 연습하던 때를 생각하면 손을 이해할 수 있다. 연습 없이 잘 그리는 사람은 없는 거니까. 모든 재능은 연습으로 만들어진다고 믿는다. 그러니까 무턱대고 '똥손'이라고 손을 탓하지는 말아야 한다.

이제 그림 그리기를 시작한다. 가장 먼저 해야 할 것은 어떤 구도로 그릴 것인지 정하는 일이다. 주인공을 정하고 도화지의 어디에 배치해야 할 것인지 머릿속으로 미리 그려본다. 이제 이걸 도화지에 표시한다. 도화지를 가로, 세로 3줄씩 9등분해서 좌표를 긋는다. 그릴 장면의 원근과 소실점을 따져 9등분한 좌표에 표시를 한다. 이정표를 만드는 일이다. 이 이정표를 따라 그리면 적당히 비례가 좋은 그림을 그릴 수 있다. 인생이든 그림이든 갈 길을 알려  주는 내비게이션 같은 게 있으면 쉬워지는 법이다.

이제 선을 긋는다. 두렵다. 그러니 용기가 필요하다. 틀려도 그 위에 다시 그으면 된다는 걸 알면 용기가 생긴다. 삐뚤어진 선도 내 그림의 일부라는 정신 승리도 필요하다. 그림을 이루는 수천 개의 선이 한결같이 바르고 곧을 수는 없다. 확실한 건 한때 마음을 괴롭히던 틀린 선이 나중엔 신경 쓰이지 않더라. 흠 없는 인생은 없다. 지금 나를 괴롭히는 어떤 일도 인생의 그림에서는 점 하나의 흔적에 불과하다. 인생, 뭐 별거 없더라.

집중해서 더 잘 그리고 싶다. 디테일에 집착하기 쉬운 순간이다. 디테일은 피해야 할 악마 같은 거다. 악마는 잘 그리려는 욕심을 이용한다. 그림이 숙제가 되고 결국 그림을 재미없게 만든다. 잘 그리고 싶으니까 자꾸 지운다. 지우개는 악마의 또 다른 친구다. 지우개는 종이가 깊게 파이도록 미련을 키운다. 어쩌겠어. 그림을 완성하려면 눈 꾹 감고 지우개를 멀리 두는 수밖에. 그림이나 인생이나 지우는 거에 미련을 두지 말자.

사람, 나무, 자동차를 그린다. 그림에 자주 등장하는 이런 것들은 외워서 그린다. 구구단 같은 거다. 일종의 치트키Cheat key라고 할 수 있다. 흔히 대세에 지장 없는데도 이걸 실제와 똑같이 그리려다 시간만 흐른다. 이내 지루해서 그림 그리기가 힘에 겨워진다. 삶에도 외워 둔 경험을 써야 할 때가 있다. 끙끙댈 필요 없이 구구단 같은 경험으로 간단하게 해결할 수 있는 게 그림이나 인생에는 은근 많다.

빛을 그린다. 보이지 않는 빛을 그리는 유일한 방법은 그림자를 그리는 것이다. 밝은 것을 그릴 때는 주변을 아주 어둡게 그리면 된다. 지금 어둠이 그려지는 시간을 살고 있다면 동시에 눈부시게 밝은 빛이 그려지고 있는 중이다. 그림 그리다가 뜬금 위로가 차올라 울컥해진다.

수채 물감으로 채색을 한다. 물이 길을 만든다. 수채 물감이 그 길을 따라 흐른다. 물이 마르면 종이에 흔적이 생기는데 이게 수채화다. 시간을 잘 써야 한다. 수채화는 시간이 그리는 그림이기 때문이다. 물이 마르는 시간을 따져 다음 색을 칠해야 한다. 그래야 아주 맑고 투명한 수채화를 그릴 수 있다. 탁하고 지저분한 수채화를 그렸다면 조급했거나 게을렀을 거다. 인생도 그렇다. 조급해서도 안 되고 게으르지도 말아야지. 뭐든 때를 잘 아는 게 지혜다.

그림은 일기가 된다. 그림을 다 그리고 그림에 대한 이야기를 간단하게 적
는다. 그날의 감정
이나 얽힌 이야기
를 그림과 함께 기
록한다. 그림에 글
을 써 두는 것은
이름을 불러주는 것과 같다. 그림이든 인생이든 이름을 부르는 것은 의미 부여다. 모든 가치는 여기서부터 시작된다고 생각한다.

그림을 그리는 순간이 꽤나 인생을 닮았다. 에둘러 빨리 가려 애쓰지 말고 차근차근 순서를 지키는 건 그림뿐 아니라 인생에서도 꽤 쓸모 있는 거라는 걸 그림 그리면서 배운다.
그림이 어쩜 이렇게 인생과 같을까?
그림을 그리다가 '뭉클'했다.

그림 그리면서 알게 된 것들

잠깐 해가 나서 좋았던 늦은 오후의 파주 송촌마을
경기도 파주시 소라지로
종이(CANSON MONTVAL 300g/m2 중목) 위 만년필 & 수채 물감
32×24cm

여행을 다닐 때 여행자의 눈은 모든 순간을 놓치지 않는다. 하다못해 길 옆 잡초 하나에까지 의미를 붙인다. 여행자의 시선은 늘 이랬다. 여행지에선 별거 아닌 것들이 특별해지는 이유다. 그림을 그리면 눈이 일상을 자주 뒤적거린다. 여행을 하는 것과 같다고 생각했다. 그래서 그림 그리기는 지루한 일상을 여행으로 바꿔준다고 믿는다. 어쩌면 그림을 그리면서 얻은 것 중 제일 괜찮은 것이 '여행자의 시선'이라고 생각했다. 어느 날은 길을 걷다가 아주 평범한 창문이 눈에 들어와 그림으로 그린다. 그러면 그 날의 생각과 마음이 고스란히 그 창문 그림에 담긴다. 이 그림은 유럽의 그 어떤 고풍스러운 창문 그림보다 소중해진다. 가깝고 넓은 길보다는 먼 길을 돌아 좁고 복잡한 길을 찾는 이유이기도 하다. 일상이 여행이 되는 순간이다.

그림은 근심을 멈추게 한다. 머리와 손이 집중을 하니까 다른 생각이 끼어들 겨를이 없다. 자연스럽게 어떤 생각으로부터 떨어져 있게 된다. 근심은 생각을 먹고 자라는데 그림 그리기는 이런 근심이 자랄 수 없는 완벽한 환경을 제공한다고 믿는다. 생각이 멈추면 근심마저 어느새 사라져 있던 게 한두 번이 아니더라.

영화 〈고흐, 영원의 문에서〉에서 고흐도 같은 말을 했다.

"왜 그림을 그리나요?" 친구인 닥터 폴이 묻는다.

고흐가 이렇게 말한다.

"생각을 안 하려고요. 생각을 멈추면 그제서야 느껴져요. 내가 안과 밖 모든 것의 일부라는 걸요."

그림은 새살을 돋게 하는 '후시딘' 같다. 깊게 파여 쓰리고 아팠던 마음의 상처 위에 그림 후시딘을 바르면 깊게 스며들어 말랑말랑한 새살이 돋는다. 나이를 먹을수록 상처받을 일이 없을 것 같았다. 어쩌다 생긴 상처쯤이야 살아온 시간만큼 경험도 많을 테니 금세 나을 줄 알았다. 웬걸, 상처받을 일이 더 많아졌는데 바를 약은 별로 없더라. 그래서 후시딘 같은 그림 그리기는 나이 들어 더 필요하다고 생각했다.

인생을 알 만한 나이가 됐지만 아직도 어설프고 서툴 때가 많다. 칭찬이나 배려 같은 감정을 표현하는 일에서부터 식당을 예약해야 하는 자질구레한 일까지 내가 무엇을 잘 못하고 사는지 오히려 그림을 그리면서 알아채는 일이 많아졌다. 선을 긋다가, 소실점을 공부하다가, 구도를 잡거나 어려운 수채화 채색을 하다가 문득 그림이 인생을 가르쳐 주었다. 그림 그리다가 몇 번을 울컥했으니까.

아름답고 무용한 낭만 뮤지엄산

강원도 원주시 지정면

종이(CANSON HERITAGE 300g/m2, Rough) 위 Winsor&Newton LINER(0.8mm)

18×26cm

무 용 無用 .

드라마 〈미스터 션샤인〉 속 김희성의 대사에서 '무용'이라는 단어가 자꾸 생각났다.

"내 원체 아름답고 무용한 것들을 좋아하오. 달, 꽃, 별, 웃음, 농담, 이런 것들."

낭만은 무용한 걸 굳이 하는 것이다. 당장 먹고사는 일에 쓸모가 없어도 아름답고 무용한 것들을 좋아했던 '김희성' 만큼의 낭만이면 좋겠다고 생각했다. 사랑하는 사람에게 시들어 없어질 꽃을 선물하는 일이나 집 앞의 꽃을 보면 될 것을 굳이 차를 타고 멀리까지 가서 보고 오는 일, 안 보면 그만인 별을 보려고 대관령 험준한 곳에서 추위를 견디는 일에 적어도 밥이 나오느니 떡이 나오느니 핀잔을 준다거나 쓸모없다고 종지부를 찍지는 말아야겠다고 생각했다.

그림은 낭만이다. 그리지 않더라도 가방에 그림 도구를 넣어 다니는 것부터 낙서를 하더라도 카페에 앉아 하얀 도화지를 펼치는 일이나 이미 화면으로 본 그림을 원화로 봐야 한다며 애써 먼 길 이동해 전시장을 방문하는 일까지 굳이 하지 않아도 될 일을 하는 걸 보면 그림은 낭만이다. 수많은 인파 틈에서 쪼그려 앉아 그림을 그릴 수 있는 용기, 여행지에서 다른 것을 더 봐도 될 시간에 굳이 한 곳에 머물러 그림을 그리고야 마는 고집은 낭만이 아니면 이해하기 힘든 거니까.

'뮤지엄산'을 그린다. 찾아가는 길이 멀기도 하고 굳이 가보지 않아도 사는 데 지장은 없지만 아름다운 곳이라 가끔 찾는다. 마음을 적당한 수준으로 추스르기에 좋아서 어그러진 마음 뼈를 고칠 수 있는 마음 정형외과 같은 곳이라고 생각했다. 굳이 찾아가 마음이 좋아지고 그림을 그리면서 즐길 수 있다면 낭만이 밥 먹여준다고도 할 수 있지 않을까?

'무용'한 것을 좋아한다.
'쓸모없다'는 것의 기준이 모호하지만
좋아하는 사람을 위해 꽃을 사거나
얼굴을 그림으로 그려주는 일,
카페에 앉아 사색하는 일이나
글을 쓰는 일 같은 게
'무용'한 것이라면
난, '무용'한 것을 좋아한다.

지친 하루의 끝에서.

아침부터 너저분한 생각들이 머리부터 시작되더니 저녁엔 가슴까지 흘러 마음이 물컹거렸다. 중심이 없으니 몸까지 뻐근했다. 아쉬운 건지 섭섭한 건지 도통 알 수 없어 찝찝하기도 했다. 지친 하루 끝은 늘 이랬다.

올림픽대로를 따라 집으로 간다. 서쪽을 향해 가다 한강대교쯤에서 여의도의 빌딩숲과 노을이 만들어내는 멋진 풍경을 만났다. 가다 서다를 반복하는 답답한 길이지만 뜻밖의 호사를 만나 마음이 좋아졌다. 꽉 막혀 있지만 그만큼 천천히 즐길 수 있는 이 순간이 고마웠는데 순간 사는 게 별거 없다고 생각했다. 찝찝한 하루에도 어떤 순간, 한두 가지가 사람을 살게 한다고 생각했다. 마음의 벽을 세우고 상처받기 싫어 버둥대며 사는 요즘인데, 오늘의 노을처럼 한두 번의 터놓음이 있다면 적어도 힘겹지는 않을 거라 위로를 해 본다.

여의도 빌딩과 노을 지는 서쪽 하늘
서울 올림픽대로
종이(300g/m2 중목) 위 피그먼트 라이너 & 수채 물감
21×14cm

나로 말할 것 같으면.

내 친구 '백구'는 똥개다. 이 친구와 늘 이런 곳을 뛰었다. 앞발을 들어 나를 덮치면 나는 꺄르르 웃음을 머금고 폭폭한 눈 위로 넘어졌다. 차갑고 신선한 숨을 벅차게 쉬었다. 이때의 눈 냄새를 기억한다. 가장 추웠지만 가장 따뜻했던 날의 기억이다.

문득, 생각보다 나는 훨씬 낭만적인 사람이라고 생각했다. 고민과 짜증이 뒤섞여 몹쓸 기분에 흠뻑 빠져 사는 내가 정말 나일 것 같아 억울했다. 말랑했고 정 많던 내가 이렇게 거칠고 냉혈적으로 사는 게 맞나 싶기도 했다. 사실 나를 제대로 규정하자면, 나는 물 70%, 감성이 무려 30%로 이루어졌다. 감성은 양평 시골 마을이 나에게 준 선물이다. 감히 어느 누구도 쉬이 가질 수 없는 이 감성 DNA를 나는 무지 자랑스러워한다.

어릴 적 양평이 생각나는 크리스마스 마을
종이(CANSON MONTVAL 300g/m2 중목) 위 수채 물감
32×24cm

매일 다니는 길의 성수동 CU 편의점
서울시 성동구 왕십리로 64
종이(300g/m2 중목) 위 피그먼트 라이너 & 수채 물감
14×21cm

486, 5882, 0127942.

'삐삐 시대'의 언어들인데 선사 시대 고대 벽화 속 상형문자처럼 이제는 먼 옛날 이야기다.

어떤 단어의 획수나 발음을 숫자로 표현해서 속마음을 표현하는 게 꽤 멋져 보였을 때다. 이때 건축을 전공한 나는 기하학적인 접근과 미학적 분석을 통해 '이기주'라는 내 이름의 자음과 모음이 숫자라는 사실을 발견하고는 그 즉시 '01719'를 완성했으니 이건 가히 무릎을 칠 일이었다. 그러고는 개인 이메일 시대가 막 시작되던 당시 내 이메일 아이디로 사용하기로 했다. 이렇게 만들어진 '01719@hanmail.net'는 구글이나 네이버 메일을 제쳐두고 아직까지 내 '오피셜 메일 어드레스'가 되었다. 마지막 숫자 '9'는 발음이 '주'와 비슷해서 넣었는데 우악스럽게 끼워 넣어 옹색하지만 이 정도는 '시적 허용' 같은 거다.

오늘 학교 후배와 20년도 넘은 추억을 이야기하면서 이 숫자를 꺼냈다. 쾌쾌한 일상을 사부작 들춰 보면서 내가 살아온 궤적의 잔잔한 에피소드를 꺼내 보는 게 꽤 재미있었던 하루.

별거 아닌 일상 속 'CU 편의점 앞 횡단보도'를 그림으로 기록했다. 그러면 '01719'처럼 여긴 뭔가 특별해지니까. 10년 뒤에 오늘처럼 잔잔하게 추억을 되새김질할 요량으로 그린 거니까 나는 '01719'만큼이나 이 그림이 좋다.

녹슨 닻 Rouille d'Ancre.

  이 그림에 사용한 잉크 색깔 이름인데, 색깔의 이름이 예쁘고 서정적일 수 있다는 것이 꽤 흥미로웠다. 직관적으로 쇠에 붙은 녹 색깔이 연상되어 좋았고 이걸 이렇게 시적으로 표현하는 그 정서가 부럽기도 했다. '달의 먼지'라는 색도 있는데 이건 그저 신비롭기까지 했다. 그동안 색깔 이름 외는 게 아주 지독하게 어려웠는데 이건 그냥 입에 붙어서 좋다.

  문득 '늑대와 춤을'과 '주먹 쥐고 일어서'라는 이름이 생각났다. 〈늑대와 춤을〉이라는 영화에 나오는 주인공들의 이름인

안녕하세요, 봄입니다
전라북도 고창군 상하면
종이(300g/m2 중목) 위 INK(제이허빈잉크)
32×24cm

데 인디언식으로 지은 이름이다. 그 사람의 어떤 특정한 순간을 묘사해서 이름을 불러주는 게 재미있었고 이런 이름이면 꽤 오래오래 기억할 수 있을 것 같았다.

이런 식으로 이름을 바꿔 불러주는 게 유행이었을 때 나를 '큰 머리 작은 팔'이라고 부른 사람도 있더랬다. 나, 참. 어쨌든 사람도 이름이 특이하면 관심이 더 가더라.

그나저나 '구루마 타고' 이 녀석은 잘 있을까?

작품명 : 생명나무 TREE OF LIFE

    반복되고 겹쳐 있는 무한한 수의 선들은 생명의 순간을 표현한다. 수많은 선들이 뭉치고 흩어지기를 반복하면서 '밝음'과 '어두움'의 굴곡이 만들어지는데 이건 마치 우리의 인생을 닮아 있다. 특히 깊고 짙은 어둠을 거칠게 생채기처럼 표현했다. 누구나 가질 수밖에 없는 상처는 오히려 잘 살고 있다는 증명일 게다. 저 짧은 하나의 획이 사람의 희로애락 중 하나라면 결국 '생명'은 이런 희로애락의 얽힘으로 만들어지는 '나무' 같은 것이 아닐까?

    구스타프 클림트 Gustav Klimt의 〈생명의 나무〉라는 그림의 해설을 읽고 내 그림의 해설로 흉내 내 봤다. 게다가 클림트의 작품 이름을 가져다 붙였고 자기 그림에 아주 비싼 재료를 쓴 클림트가 부러워 아주 비싼 커피를 마시면서 아주 비싼 누들러스 잉크를 써가며 이 그림을 그렸다. 얼추 '나무'와 '인생'이 아주 느낌 있게 잘 표현됐다.

    클림트, 이 그림 어때?
    그림은 기세다.

생명나무(TREE OF LIFE)
경기도 가평군 설악면
종이(300g/m2 중목) 위 만년필(NIB: F / INK: REXINGTON GREY)
21×14cm

벚꽃 후시딘
경기도 가평군 삼회리
종이(CANSON MONTVAL 300g/m2 중목) 위 수채 물감
32×24cm

줄지어 피어있는 하얀 벚꽃을 보면
'후시딘'을 바른거 같다고 생각했다.
겨우내 추위와 싸우다 생긴
황갈색 상처가 가득한 산에
'벚꽃후시딘'을 바르면
이윽고 연두색 새살이 돋는다.

아포가토 Affogato.

아주 쓴 에스프레소와 아주 단 아이스크림의 극과 극이 만났다. 거기다 차가움과 뜨거움을 섞었으니 사람들 참 짓궂다.

인생의 단맛, 쓴맛 이야기는 클리셰가 강해서 과감히 패스하고 대신 도대체 이 아포가토는 '먹는 것'인지 '마시는 것'인지 알쏭하다는 생각을 했다. 특히 이런 형식의 아포가토는 아이스크림을 커피에 찍어 먹는 수준인데 그럼 먹는다고 해야 하지 않을까. 그러다가 마지막 잔에 남은 에스프레소를 홀짝대며 마셨으니 마신다고 해야 할지도 모르겠다.

'단, 쓴'과 '차, 뜨'의 어색한 조합의 아포가토를 맛보고는 정해진 어떤 형식으로 세상을 이해하기에는 이 세상이 내 상식보다 더 복잡하다고 생각했다. 어쩌면 사람 사이도 어색한 극과 극이 만나 잘 어울릴 수도 있겠다며 짓궂게 별생각을 다 했다.

아포가토(Affogato)와 꽃병
종이(300g/m2 중목) 위 피그먼트 라이너 & MAKER BRUSH
14×21cm

잘 하 고 있 어 .

내가 잘하고 있다고 토닥거려 주는 사람이 있다면 그건 참 다행이다. '잘하고 있어'라는 말이 필요한 상황과 분위기는 늘 비슷했다. 어떤 일에 단단히 외로움을 느끼고 있다거나 가는 길이 불안했을 때 이런 말을 듣고는 마음이 꽤 좋아졌던 기억이 있다. 내가 잘하고 있다는 사실보다 내 편이 되어 주겠다는 뜻이 더 크게 다가와 적어도 외로움 정도는 덜어낼 수 있었으니까.

요즘 내가 사용하는 하루의 말들 중에 '그렇게 하면 안 돼'가 훨씬 더 많은 것 같다. 내가 좋은 건 남들도 좋은 거니까 이왕이면 말 좀 세련되게 해야겠더라.

파주를 드라이브하다 차를 멈추고 풀벌레 소리와 함께 한강을 보며 멍때리고 있는데 뜬금없이 내가 받았던 위로에 감사하면서도 주는 만큼 받는 것인데 그러지 못한 내가 참 멋쩍은 하루였다.

"사실 넌 잘하고 있어, 아무개야~"

마을 너머 자유로와 한강
경기도 파주시 송촌동
종이(300g/m2 중목) 위 피그먼트 라이너 & 수채 물감
21×14cm

Hey, Siri.

"시리야, 수고했어."

"제가 도움이 되었다니 기쁘네요.. …"

아이폰에 있는 시리에게 질문했더니 이런 답이 돌아왔다. 제대로 대답은 했지만 어딘가 좀 공허했다. 아이돌 가수의 뻔히 정해진 대답처럼 판에 박힌 대답이었기 때문이다. 인공지능이 감정을 담아 말하는 건 아직 어렵겠다고 생각했다.

참 무던한 친구가 있다. 무심하다고 해도 될 만큼 그랬다. 좋다는 건지 싫다는 건지 마음을 드러내지 않아 답답할 때도 많았다. 인공지능같이 건조한 대답이 돌아올 때면 거리를 두는 것 같기도 했다. 친해졌다고 생각한 내가 오히려 무색했다. 무던함은 때론 '무적 심장'처럼 단단해서 사람 같지 않아 보이기도 했다. 그래서 나 혼자 상처도 받았다.

어느 날 내가 나의 무던함을 보았을 때 마치 거울 치료처럼 그때서야 알게 됐다. 무던함은 상처로 생긴 딱지에 가려져 감정이 드러나지 않았기 때문일 뿐이다. 무던하다고 괴로움을 모르지는 않더라. 내게 무심했다면 그건 내게 관심이 없었을 뿐 누구에게나 그러지 않는다는 것도 알았다. 이래저래 가려져 내게만 그렇게 보였을 뿐이었다.

HER, SIRI
종이(300g/m2 중목) 위 연필(6B)
24×32cm

그림은 손재주가 아니라 눈재주다

눈은 뚫어질세라 걸음을 관찰한다. 사람들의 걷는 모습이 신기하기 때문이다. 왼발이 앞으로 가면 뒤에 있는 오른발은 저렇게 꺾이는구나. 이번엔 후미진 도시의 뒷골목을 걷는다. 약속 장소로 이동하면서 바쁜 걸음으로 걷지만 눈은 허름한 간판들의 흩어짐에 꽂히고 이내 그 장면을 머리에 저장해 둔다. 이런 때도 있다. 한적한 시골길을 자동차로 달린다. 저녁 연기 피우는 마을의 오밀조밀한 별스러움이 눈에 들어온다. 굳이 차를 세워 사진을 찍어 기억에 둔다. 눈이 바쁜 사람들의 이야기다. 사실, 보는 눈이 있어야 그림을 잘 그린다. 눈으로 저장하고 머리로 기억하는 건 모든 그림의 시작이기 때문이다. 손이 능수능란해 봤자 눈으로 본 게 없으면 말짱 의미 없는 거니까.

'안목眼目'이라는 말이 떠올랐다. '사물을 보고 분별하는 견식'이라고 사전에 나온다. '멋진 걸 보는 눈'이다. 흔한 일상의 장면 중 어디의 무엇을 봐야 아름답고 멋진지 찾을 수 있는 눈이다. 그림은 안목을 배우기에 좋다. 뭘 그려야 하는지 찾아야 하니까 눈이 엄청 바쁘기 때문이다.

'안목'의 반대말은 선입견이다. 나는 사람을 볼 줄 모른다고 생각했다. 사람의 말투나 표정을 보고 단정지어 대하기 때문이다. 한두 번 본 사람을 쉽게 오해하기도 하고 반대로 쉽게 마음을 주기도 한다. 오래 두고 봐야 선입견의 흑막이 걷혀 제대로 그 사람을 보게 된다는 걸 알지만 이게 말이 쉽지. 나이를 더 먹으면 나아질 거라고 눙친다. 이왕이면 그림 그리다가 덤으로 사람 볼 줄 아는 안목까지 생기면 좋겠다. 선입견 같은 건 없는 진짜 어른이 되고 싶으니까.

걷기 좋은 성수동 갈비골목
서울시 성동구 성수1가
종이(300g/m2 중목) 위 만년필 & 마커
14×21cm

시선.

　서울숲에서 응봉산을 지나 남산까지의 시선은 이랬다. 서울이 숲의 도시라고 해도 믿을 만한 뷰였는데 사실 보이는 게 전부는 늘 아니다. 저기 응봉산 너머의 금호동과 약수동의 번잡한 도심은 여기선 보이지 않기 때문이다.

　누군가를 판단할 때 내가 어느 위치에서 어떤 마음으로 보는지가 중요한 거라고 이 그림을 그리면서 생각했다. 보이지 않아도 볼 수 있는 시선을 가진 사람이면 좋겠다고 생각했다. 그럴 수도 있겠다며 이해심 많은 사람이 되거나, 그런 것도 있다고 선견의 지혜가 있는 사람이 되었으면 좋겠다.

　누군가를 다양한 관점과 시점에서 보려고 노력한다. 오해가 만든 후회 가득한 관계는 이제 점점 줄여가는 나이가 됐으니까. 더 이상 잃고 싶지 않으니까.

　가만있어 봐, 그럴 수도 있을 거야, 아마.

서울숲과 응봉산과 남산
서울시 성동구 서울숲
종이(300g/m2 중목) 위 만년필(NIB: F / INK: REXINGTON GREY)
18×12cm

마포 해넘이
서울시 중구 남대문로5가 서울스퀘어
종이(CANSON MONTVAL 300g/m2 중목) 위 수채 물감
32×24cm

이기주의 스케치, 내 맘대로 인상주의.

1839년에 사진이 발명됐다. 화가에게는 무언가를 똑같이 그린다는 게 의미가 없어졌다. 화가는 해석이 필요한 그림을 그렸고, 이걸 보는 사람이 저마다 해석할 몫도 남겨주었다. 인상주의 화풍이나 추상화는 그래서 어렵지만 반대로 그래서 쉽다고 생각했다. 내 맘대로 생각하고 그리는 게 가능해졌으니까.

마포 저 너머로 해넘이가 시작됐다. 내 시선에서 내 느낌대로 보이는 풍경을 채색한다. 모네Claude Monet가 그린 〈인상, 해돋이〉의 색채를 보고 이래도 될 거 같아서 자신감 있게 그려봤다. 윌리엄 터너William Turner의 〈노햄성 해돋이〉를 보고는 내 그림도 감히 뒤지지 않을 것 같기도 했다. 사람들의 기준대로면 이 대가들에게 내가 지는 게 당연하지만, 내가 내 식대로 표현하면 이보다 더 좋은 그림은 없는 거니까 굳이 꿀리지는 않는다고 생각한다.

내가 좋으면 그만인 그림이 그래서 좋다. 이기적인 그림을 그려야 한다며 '이기주의 스케치'라는 유튜브 채널을 연 것도 그 이유에서다. 누가 감히 내 그림을 평가해, 어?

높은 곳에서 멀리보기.

눈앞의 것보다는 멀리 있는 것을 봤으면 좋겠다. 지금 나를 괴롭히는 것들에 한숨을 쉬는 거야 사람이라 어쩔 수 없지만 그 와중에라도 멀리 있는 또 다른 나를 볼 줄 알아야 그나마 숨 쉴 수 있는 거니까.

높은 곳에 올라서서 아득히 먼 곳을 그릴 때면 나 사는 곳이 좁지 않고 우주였구나 생각하게 된다. 어스름하게 뭉개져 형체를 알 수 없이 멀리 있다 할지라도 코앞의 지금이 전부가 아니라 저 먼 곳에 희망의 무엇인가가 기다리고 있다는 사실만 가지고도 꽤 위로가 된단 말이지.

푸른 광야
종이(CANSON MONTVAL 300g/m2 중목) 위 수채 물감
32×24cm

삼각지와 남산
서울시 용산구 한강로1가
종이(300g/m2 중목) 위 만년필(NIB: F / INK: REXINGTON GREY)
18×12cm

매 일 다 니 는 길 에 서 길 을 묻 는 다.

한강대로를 따라 삼각지에 다다르면 이런 풍경이 보인다. 이곳은 예부터 길이 복잡했던 곳으로 옛날엔 '돌아가는 삼각지'라 불렸다. 원형의 고가도로가 있었기 때문이라고 했다. 매일 다녀도 길을 물어야 할 만큼 매우 헷갈렸을 거라는 생각을 하면서 뭐든 살피는 습관은 좋은 것이라고 덧붙여 생각했다. 문득, 매일 다니는 길에서 길을 물어야 한다고 생각했다.

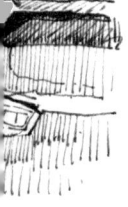

신호가 언제 바뀌는지 알 정도의 익숙함 때문에 두리번거리지 않아서 지나온 길이 기억이 나지 않을 때가 있다. 길을 잘 모를 때는 온 신경을 써가며 길을 찾느라 도로의 작은 표지판까지 세세히 기억에 남는데 말이다. 매일 반복되는 일상도 마찬가지. 익숙함이 무심함이 되지 않도록 살피는 자세가 필요하다. 으레 스쳐갔던 많은 것들에 진심이었는지 되돌아봐야 한다. 행여 익숙하다는 이유로 사람들에게 무례하지는 않았는지 매일 다니는 길에서 길을 묻듯 살펴야 한다고 생각했다.

익숙함이 무례함이 되는 경우를 많이 봤으니까. 무례함이 익숙함이 되는 건 최악이니까.

전지적 관찰자 시점.

가자미눈으로 사람들을 관찰하는 걸 좋아한다. 사람들 표정이나 몸짓을 보고 있으면 이게 참 흥미진진하기 때문이다. 눈치껏 관찰을 하다가 이런 생각을 했다. 사람들이 생각보다 대화에 손짓, 몸짓, 눈짓 같은 비언어적인 걸 꽤 사용하더라. 특히 눈짓은 꽤나 강력한데 말없이 눈으로 이야기하는 걸 보면 짐짓 그 관계의 돈독함이나 친밀함을 가늠할 수 있을 정도다. 그만큼 야릇한데 또 깊이 있고 무겁고 진중하기까지 하다. 그래서 의사소통은 말보다 눈이 우선한다는 게 내 결론.

그래서일까? 눈을 보여주지 않는 대화는 그다지 매력이 없다. 매력 없는 대화에서는 오히려 눈을 피하고 만다. 굳이 마음을 들키고 싶지 않은 거지.

성수동 피플

종이(300g/m2 중목) 위 피그먼트 라이너

12×18cm

정겨움에 대하여.

오뎅바가 있는 나고야의 밤 골목. 나고야의 골목은 우리의 을지로 골목과 별반 다르지 않았다. 어스름한 빛과 뽐내지 않는 사물들이 무질서하게 있는 것부터 그 속에서 저마다의 사연을 주고받는 사람의 관계가 얽히고설켜 있는 모습까지 똑같다 못해 을지로에 있는 듯했으니까. 거기나 여기나 골목은 정겹다.

정겨움에 대해 생각한다. 후미진 골목의 무질서한 너저분함이 오히려 사람 같아 정겨운 거 아닐까. 반듯하고 자로 잰 듯 사는 게 어쩌면 참 매력이 없다는 생각을 줄곧 한다. 뭐 그렇게 까칠하게 살고 있을까 후회하기도 한다. 골목같이 정겨운 사람을 좋아하는 것처럼 나부터 정겨운 사람이 되어야겠다고 이 그림을 볼 때마다 생각하곤 한다.

일본 나고야의 골목길
일본 나고야
종이(300g/m2 중목) 위 만년필 & 수채 물감
24×32cm

사소하지만 신기한 것들.

불과 세 달 전, 이 나무는 가지만 앙상했는데 오월이 되면서 잎이 무성해지더니 짙은 그림자와 함께 완연한 녹색을 자랑하고 있다.

'완전히 달라진 거야, 완전히 말이야.'

어떻게 죽은 것 같았던 가지에서 이렇게 무성한 생명으로 탈바꿈한 것인지 생각해 보면 이거 꽤 신기한 일이다.

어디 이런 게 한두 개일까? 해가 뜨고 지는 일과 밤을 지나 새벽이 찾아오는 일, 하늘에서 눈이나 비가 내리는 일. 보이지 않게 나무를 흔드는 바람. 사람이 걸어 다니는 것과 무거운 비행기가 나는 것. 또 뭐가 있더라. 신기한 시간과 사건들이 하루 종일 넘쳐나는데 그저 그런 것으로 여기면서 감흥 없이 살고 있다. 아니, 나만 그래?

'잎새에 이는 바람에도 괴로워했다'는 시인의 시선이 좀 과하더라도 나의 시간과 사건들에 눈 동그랗게 뜨고 놀라기도 하고 코를 벌렁거리며 신기해하면서 사는 게 이젠 좀 필요하지 않을까 생각했다. 이런 사소한 것들에 반응하는 것이 사는 즐거움이라고 그림 그리면서 깨닫는다.

오월의 나무
경기도 파주시 문발동 파주출판단지
종이(300g/m2 중목) 위 만년필(NIB: F / INK: REXINGTON GREY)
18×12cm

해 질 때의 파주
경기도 파주시 서패동(심학산)
종이(300g/m2 중목) 위 만년필(NIB: F / INK: REXINGTON GREY)
18×12cm

차은우가 되는 시간.

다섯 시에서 여섯 시 사이 해 질 때를 기다렸다가 어스름 저녁 빛이 들면 파주 심학산 아래 높은 곳에서 가장 넓게, 멀리 볼 수 있는 이 풍경을 좋아한다. 딱 이때의 세상은 거스름 없이 눈에 담기 좋았다. 세상 모든 흠이 사라지는 마법의 시간이라고 생각했기 때문이다.

이때의 색은 적당히 명도를 낮추고 채도를 감춘다. 모든 풍경이 얼추 하나의 톤이 되니까 튀는 색 없이 이거나 저거나 나대지 않고 하나가 된다. 얼룩덜룩 먼지 가득한 세상의 모든 사물이 이때만큼은 아주 깨끗이 보인다. 이때가 세상이 가장 깨끗할 때라고 생각했다. 적어도 이때의 나는 흠 없이 맑은 '차은우'가 되는 것 같기도 했다.

워낙 말이 없는데다
표정까지 과묵한 나는
밖으로 표현하는 것마다
진지함이라고 눙쳤다.

어설픈 턱구의 안경을 그리면서
생각했다.

이젠, 정말 나로 살자.

덕구의 안경
종이(300g/m2 중목) 위 만년필(NIB: F / INK: REXINGTON GREY)
12×18cm

어련히 그릴 수 있는 건 없어

'어련히'라는 단어가 떠올랐다. '당연히'라는 말보다 '알아서'라는 속뜻이 더 걸맞다. 그림 그리는 과정을 눈으로 볼 땐 그럭저럭 쉬워 보였다. '어련히' 손이 옮겨 그릴 거라 생각했다. 그러나 손은 어련히 하지 못했다. 이내 손은 '똥손'으로 불린다. 눈은 보기만 하면 되고 머리는 이해만 하면 되지만, 손은 사실 많은 시간이 필요하다. 오른손잡이가 왼손으로 글씨를 쓸 때 생각해 보면 그제서야 손 근육을 이해할 수 있다. 손은 원래 '어련히' 그림을 잘 그리지 못한다. 주어지는 시간만큼 단련하고 연습을 해야 그때서야 어련할 수 있다는 사실을 우리는 모르는 건지, 모르는 척하는 건지 참 모르겠다.

어련히 할 수 없는 건 마음 근육도 마찬가지. 마음 근육은 손 근육만큼이나 처음이 어설프다. 처음 접하는 어떤 감정에 노출되면 마음 근육은 일단 어리바리해진다. 마음이 어련히 받아 노련하게 대처하면 좋으련만 나이를 먹어도 안 되는 건 안 된다. 마음 근육도 단련과 연습의 시간이 필요하다. 잠시 그 감정으로부터 떨어져 시간을 가지거나 다른 사람들의 경험으로 단련할 시간이 필요하기도 하다.

결국, 그림이나 마음이나 조급하지 말자, 응?

조선시대 도화서 거리
종이(300g/m2 중목) 위 연필(6B)
12×18cm

위로의 위로.

괜찮은 척했지만 마음은 힘들었다. 어제 저녁 만난 후배는 이런 나를 위로했다. 웃음 뒤에 자기 아픔을 감춘 채 그랬다. 사실 내가 위로해야 하는 자리였는데 이 녀석은 나보다 어른이었다. 오히려 자기가 기댈 곳이 돼 주겠다고 했다.

심장에 굳은살 박일 만큼 중년이 됐지만 작은 상처에도 아파한다. 사는 게 다 그런 건데도 아직도 마음대로 되지 않아 파르르 떤다. 잘 아는 길에서 길을 잃고 길을 묻는다.

나는 아직 어린애.

잘 아는 길에서 길 찾기
서울시 용산구 동빙고동
종이(300g/m2 중목) 위 라이너(Black, 0.3mm)
16×20cm

그리다 만 서울역
서울시 용산구 동자동
종이(300g/m2 중목) 위 만년필(NIB: F / INK: REXINGTON GREY) 위 수채 물감
18×12cm

손은 몰랐을 뿐.

서울역 스타벅스에서 KTX를 기다리는 동안 창밖으로 보이는 풍경을 그렸다. 분명히 눈으로 볼 땐 그렇게 저렇게 그리면 될 것 같아서 아주 만만했다.

이제 눈이 손에게 잘 전달하면 되는 일. 문제는 눈과 손 사이가 안드로메다 어디쯤 되다 보니 손은 눈의 연락을 받기 어려웠나 보다. 치지직 치지직… 손 나와라 오바… 치지직 치지직.

그림을 그리다 만 이유. 그림이 어려운 이유. 결국, 눈이랑 가까운 입으로 그림을 그린다. 남의 그림에 훈수 두고 평가하는 걸 좋아하는 이유.

계절이 부러운 이야기.

아주 눈부신 햇빛 때문에 짙은 그림자가 가득했던 하루였다. 그래서 보이는 모든 게 아주 선명했으니까. 딱 오늘부터 가을이라고 콕 집어 가르쳐주는 날씨 같았다. 햇빛 사이로 부는 바람에서 가을이 묻어났기 때문이다. 바람에 세차게 흔들리는 나무는 여름을 끝내고 빨리 가을로 변신하라고 어깨가 잡혀 재촉당하는 것 같았다.

여름내 뜨거웠던 시간들은 금세 잊힐 거라고 생각했다. 가을은 그렇게 저렇게 또 금세 적응될 것이었다. 적당히 때가 되면 바뀌고, 변하고, 없어지고, 잊히는 계절이라는 시간이 난, 가끔 부러울 때가 있다.

사람도 때가 되면 잊혔으면 좋겠다. 더도 말고 입춘이나 입추 정도에 맞춰 이 시간이 지나면 그 사이 있었던 나쁜 기억들은 모조리 싹 사라진다면 참 좋겠다고 생각했다.

"찬바람이 불면 내가 떠난 줄 아세요." 이건 노래 가사. 그래, 찬바람 불었으니 이제 기억에서 떠나줄래?

여름을 끝내는 대동리 마을
경기도 파주시 대동리
종이(300g/m2 중목) 위 라이너(Black, 0.3mm)
24×18cm

끈기와 끊기.

'끈기'와 '끊기'라는 두 개의 글맛 좋은 단어를 엊그제 저녁 식사 자리에서 듣고는 '끈기'로움으로 일과 삶을 구분하지 못하며 억척같이 살아온 게 대견하면서도 이제는 '끊기'로움이 필요할 나이가 되지 않았나 생각했다.

밥벌이 일을 끊어낼 만큼 혁명적인 선언은 절대 아니고 적어도 퇴근 후나 주말만큼은 내가 좋아하는 것들을 더 근처에 두기로 마음먹는다. 유튜브를 하고 그림을 그리는 일이라든지 주말마다 카페를 다니는 일을 이젠 좀 더 맘 편히 하기로 한다. 놀 줄 모른다거나 딴짓할 줄 모른다는 게 자랑이 아닌 세상이 되었으니까.

고향, 양평의 '수수' 카페에서 한결같이 흐르는 북한강물을 한참 멍때리며 보다가 아주 현실적인 다짐까지 이어진 꽤 괜찮은 하루, 한 장면.

북한강 옆 카페에 앉아서
경기도 양평군 양수리 수수카페
종이(300g/m2 중목) 위 만년필(NIB: F / INK: REXINGTON GREY)
12×18cm

타이레놀.

    후암동에서 해방촌 오거리를 향해 오르는 길은 큰 고개다. 이 길을 걷다가 숨을 헐떡이는 마지막 포인트에서 고개를 들면 이런 장면을 만난다. 왜 오르막을 헉헉거리며 올라야 하는지 모를 땐 고개를 들고 시선을 바꿔 봐야겠다고 생각했다. 힘이 든다고 발끝만 보다가 그냥 그렇게 죽기는 싫으니까. 삶이 지칠 때 시선을 바꾸는 것만큼 좋은 방법은 없는 것 같다.

    시간 가는 줄 모르고 집중하는 일이 삶의 허기를 달래거나 공허한 마음을 채우는 길이라는 걸 나는 요즘 코끝에서 경험한다. 그림이 그렇게 허기를 달래고 마음을 채웠으니까. 그림 그리는 한두 시간의 집중이 공허와 허기를 달랜 경험은 언뜻 손가락으로 꼽을 정도로 분명했다. 그간 속이 상해 생긴 '마음 염증'이 어느 정도 치유되는 시간이었기 때문이다. 살아 있으니 감기처럼 언제라도 다시 찾아올 공허와 허기이고 이 때문에 '마음 염증'을 또 앓겠지만 두통이나 열이 날 때 '타이레놀'을 먹는 것처럼 적어도 그림이 그 순간의 고통을 가라앉혀 줄 상비약이라는 것은 의심하지 않는다.

해방촌 오거리와 남산타워
서울시 용산구 용산2동
종이(300g/m2 중목) 위 연필(수용성 연필, 6B)
18×24cm

그럼에도 불구하고.

K: 잘 지내?

나: … 어, 잘 지내지, … 아마도?

상투적인 K의 질문에 생각은 꼬리를 물었다. 얼마 전만 해도 이래저래 마음이 공허해서 괴롭게 지냈다. 지금은 해야 하는 엄청난 프로젝트로 스트레스가 하루를 꽉 채워 꽤나 버겁게 지낸다. 뭐 그래도 해야 할 일이 있다는 건 없는 것보다 나름 행복한 일이라고 애써 위로한다.

그래서 지금 나는 잘 지내는 걸까? 아니면 못 지내는 걸까? 어차피 인생은 '이래도 저래도' 괴로운 걸까? 아니면 인생은 '그럼에도 불구하고' 행복한 걸까?

'속초아이'라는 대관람차가 멋지게 자리 잡은 속초 풍경을 멀리 두고 그린다. 오랜만에 걸려온 K와의 통화가 끝난 후 답답한 속도로 느릿느릿 빙빙 도는 대관람차를 보면서 높은 곳도 있고 낮은 곳도 있지만 결국 '제자리'라는 것이 어쩌면 우리의 인생일 거라는 생각을 했다. 즐거울 때가 있으면 또 슬플 때도 있는 거니까. 나만 그런 게 아니라 누구나 그런 거니까.

그래, 어차피 돌고 도는 게 인생인데 차라리 '그럼에도 불구하고 잘 지내고 있다'고 여기는 편이 이득이다.

대관람차가 보이는 속초
강원도 속초시 해오름로 67
종이(300g/m2 중목) 위 만년필(NIB: F / INK: REXINGTON GREY)
18×12cm

주문.

꼬리에 꼬리를 무는 꼬꼬무 감정을 '감정 과잉'이라고 생각한다. 어느 날엔 그간 스쳐간 모든 말들과 사건들이 감정 깔때기로 모아져 진실의 미간을 거치고 마음으로 한꺼번에 쏟아지는 때가 있다. 운전을 하다가 문득 그럴 때가 있고 밥을 먹다가도 갑자기 그럴 때가 있다. 특히 잠들기 전이나 잠에서 깬 새벽 시간에는 더 지독하게 생각이 꼬리를 문다.

대부분의 감정 과잉은 부정적인 생각들이 서로 연결되며 물고 물리는데 이게 아주 고약하다. 그냥 놔뒀다가는 마음이 헐고 너덜거려 휘청거린다. 이럴 때 이 사슬을 끊는 아주 강력한 주문이 있다.

'그럴 수도 있지.'

인생 통틀어 내가 나를 컨트롤하는 몇 안 되는 말들 중 하나.

해방교회와 하늘
서울시 용산구 해방촌 오거리
종이(300g/m2 중목) 위 피그먼트 라이너 & 마커
18×12cm

묵음.

그림은 '묵음'이야. 어떤 순간엔 말 없는 '묵음'이 더 뜻을 전하기 좋은데 그림이 딱 그래. 이 그림을 상상해 봐. 서로 말이 필요 없는 순간일 거야. 서로의 눈만을 바라볼 거고. 끊어질 듯 간당간당 걸려있는 애틋한 손가락의 미세한 떨림이 보여? 함부로 끊어지려 하지도 않고 반대로 와락 잡지도 않아. 그렇다면 이 그림은 무슨 말을 '묵음'으로 간직하고 있을까? 어쨌든 그림이 이래서 좋아.

뜬금없이 '묵음'에 대해 생각했어. 묵음silent은 영어 단어 know와 knife에서 발음되지 않는 k 같은 걸 말해. 이렇게 써 있는데 읽힐 수 없는 묵음은 왜 있는 것일까? 많은 설들 중에 원어의 족보를 유지하기 위함이라는 게 제일 설득력 있다고 생각해. 단어의 가치를 이 묵음들이 지켜주고 있다는 거지. 적어도 본래의 뜻을 지키기 위해 자존심처럼 떡하니 자리잡고 있는 거라고. 이건 나같이 말수가 적어 묵음 같은 사람들에겐 '위로' 같았어. 말이 없어 존재감도 없지만 없으면 본래의 뜻이 망가지거나 틀린 게 되는 아주 중요한 존재.

그게 나야. 그게 너이기도 해. 말이 없다고 생각이 없는 건 아니야. 그냥 그림처럼 아무 말 없이 말하고 있는 거라고.

STAY
아이패드 드로잉(프로크리에이트)

아름답게 보는 재주

아름다운 것만 보면서 살 수 없으니 아름답게 보는 재주가 있다면 좋겠다. 세어 보지는 않았지만 하루 종일 보는 장면이 수만 개쯤 되겠지? 아마도 대부분은 여행지도 아니고 일상이라 평범한 장면들이겠지만 이왕이면 이런 장면 중 몇 개 정도는 아름답게 볼 수 있다면 좋겠다. 이게 쌓여서 내 인생 좀 아름다웠다고 회고할 수 있는 거니까.

그림을 그린다는 건 세상 좀 아름답게 볼 재주를 가졌다는 뜻이다. 네모난 도화지 프레임으로 세상을 자주 뒤적거려 아름다운 구도를 찾는 데 신경을 쓰기 때문이다. 구도가 좋으면 그림을 좀 막 그려도 어쨌든 그림 같으니까. 테크닉이 좀 어설퍼도 일부러 그렇게 그렸다고 눙칠 수도 있기 때문인데 심지어 어떤 때는 아주 심오한 작가의 작품 같더라니까.

'삼분할 프레임.' 이것은 세상을 보는 그림쟁이들의 뷰 파인더. 네모난 프레임에 가로 삼등분, 세로 삼등분을 하면 아홉 칸이 만들어지고 동시에 네 개의 교차점이 생긴다. 고작해야 손바닥만 한 도화지이지만 엄청 광활해서 헤맬 게 뻔한데 그나마 아홉 칸으로 나누고 보니 좀 만만해 보인다. 눈으로 본 것을 이 좌표대로 그려 넣으면 그만인 것을. 어떤 때엔 주인공을 어디다 그려야 될지 모를 때가 있는데 네 개의 교차점 중

하나 위에 그리면 된다. 그러면 영락없이 스타가 되는데 무조건 도화지의 가운데가 아니라는 것에 참 신기해하기도 했다.

어쩌면 이 프레임으로 너를 봤는지도 모르겠다. 어쩜 그렇게 아름답게 내 안에 자리잡고 있는 거니?

그래, 거기.

주문진 소돌해변의 카페가 정겨워 그림으로 그렸다. 도화지를 가로로 삼등분하고 아래 삼분의 일 지점에 눈높이 선을 긋는다. 그 위에 소실점을 찍은 다음 카페를 정면으로 배치해서 그렸더니 좀 멀리 있어도 소돌해변의 주인공이 됐다.

사람마다 보여주고 싶은 방향과 거리가 다 있다고 생각한다. 왼쪽 얼굴이 더 예뻐서 사진을 찍어도 꼭 그 방향만 고집한다거나 다리가 길어 보이는 각도와 거리를 굳이 지정해 주는 일은 상식이 된 지 오래다. 뒤태가 예쁘니까 뒤로 2미터 떨어진 220도 부근에서 바라봐 달라는 말은 참 별스럽기까지 하다. 보여주고 싶은 것만 보여주는 일이야 요즘 같은 SNS 시대에는 다반사이고 그래서 세상 모든 사람들이 나 빼고 다 잘난 것만 같다고 생각한 적도 많았다.

사실 나도 나를 보여주고 싶은 거리와 방향이 따로 있다. 조금만 떨어져서 봐줄래? 한 다섯 걸음 정도면 좋겠고 살짝 왼쪽 방향에서 봤으면 좋겠다. 조금 멀리 두고 보면 나도 꽤 괜찮은 사람이니까. 깊게 파인 주름이나 여드름 자국을 보여주기도 싫지만 긴장해서 흔들리는 눈동자를 보여주는 건 더 싫으니까. 아랫입술 파르르 떠는 건 오히려 부끄럽기까지 하니까. 어쩌면 속마음이 들킬까 두렵기도 했으니까.

주문진 소돌해변과 카페
강원도 강릉시 주문진읍 주문리
종이(300g/m2 중목) 위 만년필(NIB: F / INK: REXINGTON GREY)
18×12cm

남해에서 마음을 풀어놓다
경상남도 남해군 남면 홍현리
아이패드 드로잉(프로크리에이트)

내려놓음.

한바탕 난리 끝에 지칠 대로 지쳤다. 세상에서 가장 고요한 곳이 필요했다. 극내향형에 걸맞게 아주 조용한 시간이 필요했기 때문이다. 남해가 딱 그랬다. 구불구불 느리게 움직이는 해안선을 따라 길을 가다 보면 여기저기 보이는 풍경이 소박하고 정겨웠다. 꾸며 대는 것 없이 원래 그렇게 생긴 것들과 먼 세월부터 시간이 만든 흔적들이 그냥 그대로 조용했다.

빨간 지붕 집을 중심에 둔 한적한 바닷가 마을은 고요했고 편안하기까지 했다. 빨간 지붕을 얹은 집을 주인공으로 그린다. 하늘과 바다와 저 뒤의 산은 배경으로 둔다. 마치 작은 빨간 지붕 집이 세상 넓고 큰 것들을 끌어안은 것 같은 구도가 되었다. 작은 것이 이길 수 있다니 위로가 되기도 했다.

무엇이 부족해서 욕심을 부리며 사는지 모르겠다. 사람의 마음을 얻는 것부터 인정받고 싶은 마음까지 나이가 들어도 욕심은 어쩔 수 없는 걸까? 사람 마음이란 게 한없이 넓은 우주이고 그 우주의 한구석 자리 내주는 게 뭐 그리 대수일까 생각했다. 어쩌면 생각보다 욕심이 너무 넓어 마음 한구석을 쉽게 내주기가 어려웠는지도 모르겠다. 저기 저 빨간 지붕 집 같은 소박한 정도의 욕심이면 어땠을까?

선입견.

의정부의 한 카페에서 바라본 동네 산 같은 저 산이 수락산이라는 걸 알고 놀랐다. 서울 쪽에서 바라보면 수락산은 도봉산과 비슷하게 바위 많고 우람해서 무서운 산이었으니까.

사회 초년 시절 수락산을 올랐던 적이 있다. 정상을 즐기고 내려올 때 넘어져 상처가 났는데 지금도 내 오른손 새끼손가락에 남아 있는 흉터는 이때 생긴 거였다. 그 이후로 누구는 내게 싸우다 난 상처가 아니냐며 내 우락부락한 겉모습에 견주어 추측성 발언을 하기도 했다.

사람도 결국 어디서 어떻게 보느냐가 중요하다. 한쪽에서만 본 선입견으로 그 사람의 모든 것을 판단하는 것이 어쩌면 무서운 일일 수 있음을 수락산을 그리는 오른손의 흉터를 쳐다보며 생각했다. 그날 거기서 본 수락산은 참 착해 보였으니까. 그걸 그림으로 그리는 나는 더 착해 보였으니까.

나도 알고 보면 착한 데가 있거든. 아니, 그냥 원래 착하거든. 후천적 사회화에 따른 작용 반작용으로 인해 살짝 왜곡된 우락부락한 모습이 너가 서 있는 딱 거기서만 보일 뿐인데, 아니 왜 너만 몰라서 그러는 거야? 그래 거기, 거기 서서 봐 봐. 꽤 착하게 보일 거야. 어때? 그치?

수락산
경기도 의정부시 산곡동 668
종이(300g/m2 중목) 위 만년필(NIB: F / INK: REXINGTON GREY)
18×12cm

해남 땅끝 마을 안평리의 풍경.

땅끝. 뒷걸음질만 허락된 곳이라고 나희덕 시인이 말했다. 더 이상 앞으로 갈 수 없는 좌절을 멋들어지게 표현했지만 그냥 씁쓸했다.

차라리 뒤돌아서는 건 어때? 봐 봐, 다시 내 앞에 가야 할 길은 아주 길~잖아. 사는 게 생각보다 간단하다. 안평리에서 마음이 평안해졌다.

안평리의 평안
전라남도 해남군 북평면
캔버스 위 아크릴 물감
45×25cm

아버지 같은 서울역.

옛 서울역은 만화경같이 온갖 빛을 머금었다. 1926년 경성역이었을 때부터 지금에 이르기까지 온갖 희로애락이 겹겹이다. 수탈의 역사라든지 만남과 이별의 클리셰 같은 거 말고도 노숙자가 버린 소주와 라면 국물을 머금고 비둘기 똥마저도 색이 돼 첩첩이 흔적이 됐다. 시간은 이 고적한 르네상스 건물에 온갖 군상들의 색을 섞어 어지럽고 묘한 색을 더해 주었다.

위에서 본 서울역
서울시 용산구 서울스퀘어
종이(300g/m2 중목) 위 만년필(NIB: F / INK: REXINGTON GREY) & 수채 물감
18×12cm

서울역을 위에서 바라본다. 아버지 얼굴에 핀 검버섯같이 세월의 색을 그대로 머금어 남루한 건물이지만 살아보니 별 거 없더라는 아버지의 말을 대신해 주는 것 같아 가끔 위로가 되는 곳이 여기다.

서울역의 아침
서울시 용산구 한강대로 405
종이(300g/m2 중목) 위 만년필(NIB: F / INK: REXINGTON GREY)
18×12cm

각자도생.

남쪽의 큰 비는 많은 상처를 가져왔다. 그중에서도 눈에 띄었던 신문기사 한 줄 속 '각자도생'이라는 단어는 너무 서글펐다. 모두가 스스로를 지켜야 하는 것쯤은 당연하지만 그래도 나라가 있고 시스템이 있는 건데 이건 좀 서럽기까지 했다.

연대 의식을 생각했다. 이 그림처럼 무심히 각자의 길을 가는 것처럼 보여도 우리는 연대하는 인간이다. 같이 걱정하고 같이 아파하며 손을 보태서 작은 힘이라도 되어주는 연대. 높은 곳에 살면 안전하다고 안심하기보다 낮은 곳이 걱정되어 불안을 느끼는 사회쯤은 돼야지. '나만 아니면 돼'가 아니라 '너도 아니길 바라'가 지금 우리에게 필요한 '연대'가 아닐까?

무감각 지대.

반포대교와 잠수교가 보이는 한강 둔치에서 세상을 소박하고 천진난만하게 바라본다. 어떤 상황에 담겨있는 무거운 맥락을 읽으려 하지 않아도 되고 직유니 은유니 담겨있는 그 사람 말속의 뼈를 찾지 않아도 되는 이 미칠 듯 가벼운 순간을 나는 '멍때린다'고 말한다.

저 멀리 반포동의 색 없고 표정 없는 아파트 무리부터 반포대교 위를 지나가는 버스의 무심함이나 한강을 따라 자기 발끝만 보며 달리는 무던한 사람들. 또 그걸 바라보는 나의 초점 없는 눈까지. 이곳은 무감각이 가득한 곳이면서 도시의 소음이 아닌 숨소리를 들을 수 있는 곳이라서 내가 찾는 또 하나의 '도피성' 같은 곳.

반포대교와 한강공원
서울시 용산구 서빙고동
종이(300g/m2 중목) 위 만년필(제이허빈 잉크, 녹슨닻컬러)
24×32cm

소실점, 만날 수 없어서 사라진다 했을까?

곧은 길
경기도 고양시 구산동
종이(300g/m2 중목) 위 피그먼트 라이너
21×14cm

　　　　　　　　　서로 평행해서 결코 만
날 수 없는 두 개의 선이 원근에 의해 하나로 만나는 점을 소
실점이라고 부른다. 긴 도로의 이쪽에서 저쪽 먼 끝을 바라볼
때 도로의 선이 하나로 만나 합쳐져 보이는 접점을 이렇게 부
른다. 원근의 거리 때문에 눈이 착각해서 만들어지는 허상인
데 누구는 매직아이처럼 눈을 부릅떠 찾다가 소실점을 발견
하고는 그림 세계에 눈을 떴다. 누구는 끝내 찾지 못해 길을
잃어 헤매는 지경에 이르렀다는 이야기도 들었다. 그림 그릴
줄 아는 사람만이 보인다는 신비의 점 이야기다.

　그런데 왜 소실점이라 했을까? '사라지는 점'이라니. 허상
안에서 만나는 것일 뿐 실제론 만나지 않는다. 그래서 사라진
다고 했을까? 이 단어를 만든 사람은 적어도 소설가나 작가
라고 생각했다. 허상과 현실이 서로 대치되는 슬픈 사랑 이야
기가 생각나는 것은 어디 나쁠까?

　가까이 오면 만날 수 없고 멀어질수록 가까워지는 애달
픈 이야기. 가까워지려면 멀리 두고 봐야만 하는 서글픈 짝사
랑 이야기. 끝끝내 이루어질 수 없는 세상에서 가장 슬픈 사
랑 이야기.

'사라져 버린다'라는 '소실점消失點'의 한자를 찾아 곱씹다가 이 절절하고 애달픈 이야기에 나도 모르게 동화되었다. 어쩌면 매일 이 슬픈 사랑 이야기를 그림에 옮기고 있는지도 모른다.

그래서 그랬나 보다. 만나는 점이 눈에 보이니까 금방 닿을 것 같았다. 용기 내어 몇 발짝 다가섰다. 여전히 한 발자국도 가까워질 수 없었다. 평행선이라고 할 만했다. 마치 가도 가도 닿을 수 없는 무지개를 쫓는 것 같았다. 그림을 그리다가 소실점을 찾을 때면 늘 생각나는 사람 이야기다.

뭐가 보여?

울산의 장생포를 바라보며 이 탁 트인 뷰를 그린다. 공장이라기보다는 케이크 위에 촛불을 켜 놓은 화려한 파티의 순간이라는 느낌이 들었다. 뭐가 됐든 여기는 숨 한 번 쉴 수 있는 마음의 공원 같았는데 자연스럽게 뉴욕의 센트럴파크가 생각났다. 뉴욕 맨해튼의 중심에 센트럴파크를 만들자고 설득할 때 이곳에 공원을 만들지 않는다면 이 넓이만큼의 정신병원이 필요할 것이라고 했다는 일화가 생각났다. 어쩌면 여기는 센트럴파크처럼 사람의 마음을 위한 '어쩌다 공원'이 된 것이 아닐까.

장생포를 그리는 이 시선에서 방해 없이 저 너머 끄트머리까지 더 보고 싶었다. 그림을 그리는 내내 길게 목을 뺐다. 두 눈을 비벼 부릅뜨고 까치발까지 세워 한껏 욕심을 부린다. 맨날 보는 게 코앞에 있는 꽉 막힌 건물이고 맨날 겪는 게 높이와 두께를 알 수 없는 사람 벽의 답답함이다 보니 가끔 이렇게라도 해야 그나마 살아지는 거니까.

이왕이면 시간을 더 멀리 볼 수 있었으면 좋겠다. 전쟁 같은 코앞의 일상만 보다가 몇 발자국 앞에서 그냥 죽는 거 아닐까 두렵기도 했기 때문이다. 까치발을 다시 세운다. 이제 손을 동그랗게 말아 손망원경을 만든다. 그리고 시간을 달려 내 인생 5년 앞을 바라본다.

    뭐가 보여? 아, 설레라. 내가 그렇게 되어 있겠구나. 그날 나는 장생포에서 미래를 보았다.

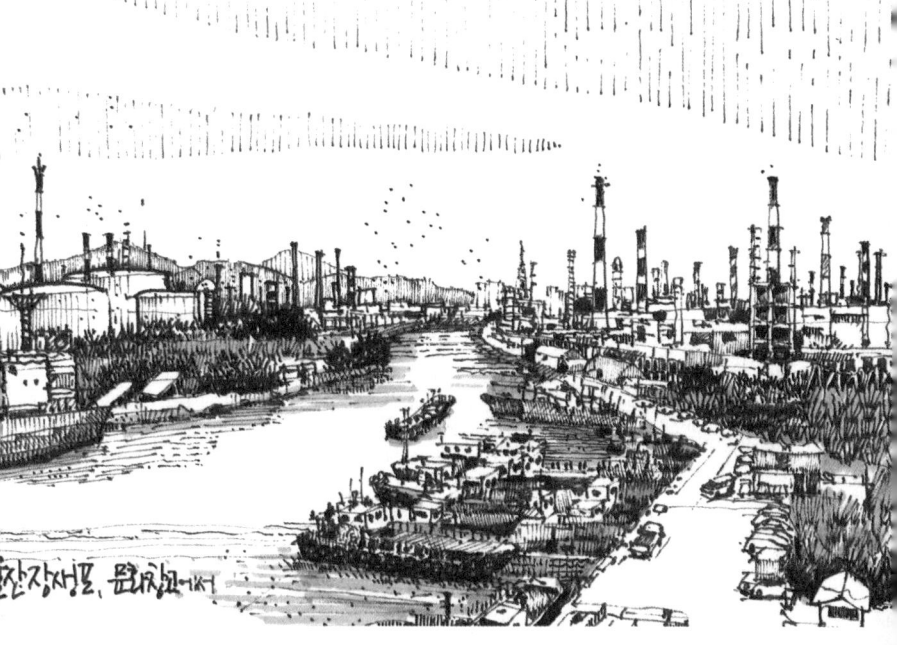

울산 장생포는 케이크 위에 촛불을 켠 것 같았다
울산시 남구 장생포고래로 110 문화창고
종이(300g/m2 중목) 위 만년필(NIB: F / INK: REXINGTON GREY) & GREY MAKER
21×14cm

평행선.

우리는 둘 다 직선이야.

나는 나만 생각하고 너는 너만 생각하는 직선.

만나 봐야 잠깐이고 다시 멀어질 운명.

차라리 평행선이 훨씬 좋은 게 아닐까?

적당히 거리를 두고 나란하게 바라보면서 가는 건 어때?

가까워지지도 않지만 멀어지지도 않는

애매함이라고 해도 좋아.

두 개의 평행한 직선은 면을 만들어.

아주 올곧고 시원한 길이 되는 거지.

나는 나만 생각하고 너는 너만 생각하면서 같이 걷는 거야.

덜컹거리는 돌짝밭 시골길이라도 함께 걸으면 좋은 거니까.

혹시 알아? 저쯤 어디서 하나가 꺾여 만날지도 모르지.

만우리, 근심이 가득했던 하루
경기도 파주시 탄현면 만우리
종이(CANSON MONTVAL 300g/m2 중목) 위 수채 물감
32×24cm

흰여울마을
부산시 영도구 영선동4가 605-3
종이(300g/m2 중목) 위 만년필(NIB: F / INK: REXINGTON GREY)
18×12cm

쓸쓸함.

부산 흰여울마을. 이 길은 오르내림이 적당하고 넓지 않아서 소곤대며 걷기 좋다. '여울'의 의미가 얕아서 물살이 보이는 곳이라는 것을 찾아보고 이름이 참 예쁘고 잘 맞는다고 생각했다. 크게 치는 파도 같은 '너울'이 어떨지도 생각했지만 이건 지금의 내 마음과 더 어울린다는 생각을 하면서 걸었다.

어스름 저녁 무렵, 영화 〈변호인〉에 나왔던 카페에 앉아 이 그림을 그린다. 오르막, 내리막길을 그리다가 최근의 일과 관계에 대한 생각에 마음도 함께 너울거린다. 진심이 가서 닿지 않을 때 마음은 서글픔으로 보호한다. 서글픔은 아픔과는 다르다. 아픔은 마음의 통증이지만 서글픔은 쓸쓸함이라는 성분의 호르몬과 같은 것. 마음이 아픔을 방어하기 위한 일종의 방어막이다. 진심을 못 알아주는 것일 뿐 틀리지 않았다는 일종의 위로. 서글픔은 그렇게 한 차례 울렁거리듯 너울처럼 왔다가 갔다.

'쓸쓸함 한 잔 주시오.' 광고에 나왔던 이 말이 내 말.

양평, 꼬꼬마 시절을 그리다
경기도 양평군 수입리
종이(CANSON MONTVAL 300g/m2 중목) 위 만년필 & 수채 물감
32×24cm

변하지 않는 것들에 대한 예찬.

마을을 우회하는 도로가 생기기 전 이곳은 '신작로'라 불리는 아주 큰 도로였다. 문호리를 가는 버스가 여기를 지나갔고 여름철이면 피서객들의 자동차로 꽉 막히기도 했다. 오른쪽 빨간 지붕 집은 이름이 있었지만 그냥 '윗가게'라 불렸는데 어릴 적 우리의 주전부리를 책임졌다.

지금은 작아지고 볼품없어진 이 도로 위에 켜켜이 쌓인 추억이 아직 생생. 내 삶에 아직 없어지지 않는 것들에 그때의 나를 투영하다 보면 내가 잘 살고 있는 거 같다고 뜬금없이 울컥하다가 이내 나를 토닥거려 응원한다.

깊이감.

겸사겸사 여주를 갔다가 들른 카페에서 깊이감이 있는 1소점 공간을 만났다. 모랫바닥과 물과 유리창과 하늘과 처마가 저 끝 한곳에서 만난다. 그 점에 '우리'를 그렸더니 멀리 있지만 이 공간의 주인공으로 충분했다.

깊이감이 있는 장면을 마주하면 무조건 그려보고 싶어진다. 입체적이라서 보기에 지루하지 않고 명확한 선 때문에 그림이 꽤 있어 보인다. 웬만해선 망칠 수 없는 그림.

사람도 마찬가지. 대화를 하다 보면 겹겹이 생각이 다양하고 나의 말을 받아주는 그릇이 깊어서 어디까지 들어가는지 모르게 푹 빠지게 하는 사람이 있다. 나는 이런 사람을 소실점이 있는 사람이라고 부른다. 모든 생각과 행동이 한 개의 점으로 모여 분명하고 단호한 모습이지만 끝을 알 수 없는 깊이감이 충만해서 뭐든 담아낼 수 있는 사람. 아, 이런 사람이 너무 좋다.

나는 어떤 사람일까?

우리
경기도 여주시 점봉길 43 바하리야
종이(CANSON MONTVAL 300g/m2 중목) 위 과슈
32×24cm

부동의 미학.

여행 스타일은 크게 두 가지로 수렴된다. 한군데 머무는 스타일 vs 여러 군데 도장 깨는 스타일. 낯선 곳을 경계하는 ISFP 성향을 띠는 나는 한군데 머무는 스타일을 선호한다. 장소가 좀 익숙해져야 곤두선 신경이 풀리면서 본격적으로 기억을 만드는 여행을 하게 되더란 말이지.

반대로 '여러 군데 도장 깨는 스타일'은 다녀왔다는 흔적을 남길 요량으로 여기저기 발품을 팔지만 시간이 지나면 기억은 휘발돼 버리고 사진의 흔적만 쾌쾌하게 남기 때문에 영 별로다.

파리의 노천카페에 눈치껏 앉거나 어지간하면 너저분한 길바닥에 앉아 한 시간 정도 그림을 그린다. 시간의 반은 그곳에 익숙해지는 데 사용한다. 온갖 지나가는 사람들을 살피거나 그 장소의 정서를 익히다가 이내 마음이 허락하면 그림을 그리기 시작한다. 이렇게 그린 그림은 10년이 지난 지금까지도 그날의 설렘부터 온도와 바람 냄새까지 소환시켜 심장부터 코끝까지 간질거린다.

그러니까, 여기 좀 더 있자, 응?

파리의 1층 카페가 있는 건물
프랑스 파리
종이(CANSON MONTVAL 300g/m2 중목) 위 만년필 & 수채 물감
32×24cm

골목 예찬.

자동차 하나 겨우 다닐 수 있는 삼각지의 골목길은 단출해서 좋다. 불을 끄고 누워 듣던 〈별이 빛나는 밤에〉의 오프닝 음악 같다고 생각했다. 적당하게 흐르는 공기와 적당히 투닥거리는 소음이 그 시그널 음악과 꼭 닮았다. 그냥, 딱 한 사람만 들어가는 품으로 꼭 안아 낮고 작은 목소리로 "수고했다"고 말해주는 것 같았다.

이런 생각을 했다. 골목길 같은 이 정도의 거리감이나 규모감처럼 살면 좋겠다고. 더 가까워지려 하거나 더 높아지려 하지 말자고 생각했다. 이제는 사람 사이에도 적당한 거리와 적당한 높이가 필요하다는 생각이다. 애써 우쭐대지 않아도 서로의 거리나 높이가 가늠이 될 정도는 살았으니까. 그래서 경계 없이 가드를 내리고 충분히 재미있게 살아갈 나이가 됐으니까. 딱 한아름 정도의 품이면 충분히 위로할 수도 있고 또 위로 받을 수 있다는 걸 이젠 좀 아니까. 딱 골목 같은 편안함으로 살아야겠다고 생각했다.

골목 끝 모퉁이를 돌면 뭔가 좋은 일이 펼쳐질 것 같은 기대감이 차오른다. 아~ 기대돼, 내 인생.

삼각지의 골목은 정겹다
서울시 용산구 삼각지
종이(CANSON MONTVAL 300g/m2 중목) 위 피그먼트 라이너
14×21cm

대화 : 신이 허락한 감정.

자유로를 달리다 착시 때문에 도로가 하나의 점에 모이는 예쁜 순간을 만났다. 수렴의 순간이었다. 뜬금없이 이런 대화를 했다.

"인간의 모든 감정은 딱 두 가지로 수렴되거든. '두려움' 그리고 '사랑.' 둘 중 '두려움'은 아주 괴팍하고 고약해서 사는 데 불편할 정도인 것에 반해 '사랑'은 없이 살아도 될 것 같았지. 그래서 인간들은 '두려움'을 컨트롤하기 위해 별 방법을 다 쓰며 살아. 종교를 믿는 거라든지 점을 보는 것, 보험을 드는 일이 그래.

사실, 신이 괴팍하고 고약한 두려움을 이길 수 있는 방법으로 인간들에게 주신 게 '사랑'이야. 그러니까 애초부터 두려움을 컨트롤할 방법으로 '사랑'까지 같이 주신 거라고. 게다가 각자 취향에 맞게 쓰라고 아가페, 필리아, 에로스, 스토르게, 네 가지를 주셨어. 이게 신이 주신 '풀팩' 사랑이야. 근데 설명 안 해도 다 알지? 이건 마치 아주 고약한 찌든 때를 없앨 때 쓰는 락스 같은 거라고 보면 돼.

그러니까 아주 고약하게 걱정이 앞서거나 두려움이 물밀듯 차오를 때, 신의 사랑을 구하거나 사랑하는 사람과 함께하거나 기부를 하거나 부모님을 떠올려 보는 거야. 이건 대단한 사랑이 아니라 우리 주변에 있는 흔한 사랑이지. 신은 두려움만큼 공평하게 인간에게 사랑을 주신 거니까.

이거 정말 괜찮은 방법이니까 아끼지 말고 써 봐. 지금, 우리를 두렵게 하는 모든 것에 '빅엿' 한 방 날리려면 '사랑'하면 되는 거야. 알았지?"

인생이 선긋기 같더라

여의도 빌딩숲에 노을이 묻었다
서울시 마포구 당인동
종이(CANSON MONTVAL 300g/m2 중목) 위 만년필 & 수채 물감
32×24cm

하루가 엉망진창이었다. 출근 때부터 걱정되었던 그 일은 끝내 잘되지 않았고 평소 같으면 무심히 넘길 일들조차 그 때문에 버거워졌다. 시큰거리는 어금니 통증처럼 꽤 텁텁하고 예민했던 하루를 그렇게 꾸역꾸역 살아내고 강변북로를 따라 집으로 돌아간다. 이 길 위에서 보이는 여의도는 늘 무채색이었다. 이날만큼은 이런저런 일 때문이라도 더욱 그랬어야 했다. 하지만 지는 해가 만들어낸 노을이 빌딩숲을 황금빛으로 채색했다. 그날의 여의도는 모든 게 달라 보였다. 그렇게 난 눈으로 내 하루의 버거움을 그나마 달랠 수 있었다.

대충 사진을 찍고 집에 와서 이 그림을 그리며 생각했다. '실수한 선을 지울 필요는 없더라.' 오늘 하루의 마음처럼 삐죽 튀어나간 선이 그림을 좀 더 풍성하고 살아있게 한다. 실수한 선이 다음 선을 그을 때 길잡이가 되어주면서 오히려 반듯해진다. 지우고 다시 선을 긋는다고 더 나은 선을 그을 확률은 그다지 크지 않다. 지우개 똥으로 지저분해지고 종이만 너덜너덜해질 뿐이다. 그러니 실수한 선을 그대로 놔두는 용기가 필요하다. 그림 속 수많은 선에서 실수한 선은 찾기도 힘들 테니까. 어쩌면 인생도 이런 선 수백 개가 엎치고 덮치면서 조화를 이루는 것이 아닐까. 그래서 내 인생이 결국 아름다운 거라고 그림 그리면서 배운다.

　오늘의 실수한 선을 지우지 않는다. 내일 그어질 선은 좀 더 곧게 그어질 거니까. 인생 참 그림 같아서 재미있다.

배 아파서 쓰는 글.

누군가를 막 부러워해 본 적이 없다. 그렇다고 다 가지고 사는 것도 아니다. 어디에 내세울 것도 별로 없기도 하다. 영화 한 편 때문에 내 삶에 만족하며 살기로 했다.

영화 〈미드나잇 인 파리〉는 내 인생 영화 중 하나다. 이 영화의 줄거리는 화려한 19세기 파리의 아름다운 시대Belle Epoque와 르네상스 시대를 시간 여행하는 내용인데, 주인공은 욕망을 따라 이곳저곳 가보지만 거기도 그만큼의 아픔과 고민이 있다는 것을 깨닫는다. 어느 것 하나 부러워할 것 없다고 영화는 알려준다. 인생의 황금기는 바로 지금 '나의 시간'이라는 것에 깊이 공감하기도 했다. 이 영화를 본 뒤로는 뭐 니나 내나 다 똑같다고 여기며 산다.

길 건너 서울숲을 자기 정원처럼 쓰는 저 아파트를 보면서 배 아파서 쓰는 글은 절대 아.니.다.

서울숲 언더스탠드에비뉴와 아크로
서울시 성동구 서울숲역
종이(CANSON MONTVAL 300g/m2 중목) 위 피그먼트 라이너
14×21cm

간 단 한 인 생.

난 나무 그리는 걸 참 힘들어했다. 복잡한 걸 꼭 복잡하게 그려야 하는 고집스러운 완벽주의자이기 때문이다. 똑같아야 그림이라는 근대적 '갑갑주의'를 신봉했기 때문이기도 했다. 그렇다고 똑같이 잘 그린 것도 아닌 게 함정. 웬만하면 피하고 싶었던 것도 사실.

마을과 나무
종이(CANSON MONTVAL 300g/m2 중목) 위 연필(6B)
18×12cm

그런데, 지금은 아예 간단히 그린다. 대충 그려도 나무가 되는 걸 경험한 다음부터는 이렇게 그린다. 이러나저러나 입맛대로 그리면 그게 곧 그림이라고 알려준 인상파 선생님들이 내 든든한 뒷배가 되었기 때문이기도 했다.

살아보면 의외로 간단해도 되는 게 많더라. 그림 그리다 인생을 배운다.

개 망 초 .

너랑 비슷한 친구는 '데이지'라는 예쁜 이름을 가졌어.
넌 왜 이리도 서러운 이름을 가졌을까?
이름의 뜻을 찾다가 꽃말을 보고 놀랬다.
꽃말이 '화해'라는 것이 무척 의외였으니까.
사람들 참 짓궂지. 이름은 개망초로 지어 놓고
꽃말을 이렇게 말랑하게 만들어 놓으면 뭐 어쩌자는 거야.

왜 꽃말이 '화해'일까 곰곰이 생각해 봤다.
줄기나 잎을 보면 생긴 게 잡초처럼 거친데
그 끝단에서 작고 하얀 순백의 꽃이 오밀하고 조밀하게
촘촘히 피어서는
바람에 흔들려 살랑살랑 손짓을 하는 것 같았다.
화해라는 건
스멀스멀 올라오는 거친 생각들을 거스르고
한 떨기 '이해'라는 꽃을 피울 수 있어야 하나 보다.

개망초와 버드나무
경기도 파주시 파주출판단지
종이(300g/m2 중목) 위 만년필(NIB: F / INK: REXINGTON GREY)
12×18cm

파주출판단지 개망초와 숲과 건물.
개망초의 꽃말이 '화해'... 고맙다.

라떼를 좋아하는 이유.

커피는 무조건 따뜻한 라떼를 마신다. 어떤 까다로운 입맛이 있다기보다는 귀차니즘에 기인한 아주 게으른 선택의 발로이며 커피 맛을 모르는 저급한 입맛에서 나오는 무지 때문이다.

이 맛이나 저 맛이나 그 맛이 그 맛인데 이것저것 선택하다 낭비되는 에너지를 조금이나마 보존하자는 나름의 인생 철학을 반영한 습관이기도 하다. 안 그래도 수많은 선택을 해야만 살아갈 수 있는 복잡한 회로 같은 게 인생인데 아, 커피 정도는 그냥 퉁치자.

라떼를 종이 위에 엎지르고는 툴툴거리다 말고 그 위에 끄적거려 그림으로 완성했다. 아, 이런 크리에이티브한 인생이라니. 앞으로는 라떼는 맛보다는 색이 예뻐서 마신다고 해야겠다.

카페라떼

종이(300g/m2 중목) 위 라이너 & 커피
14×21cm

내 편.

나는 말이 없는 편이다. 그런데도 말이 많을 때가 있는데 어딘가 속상해서 내 편 들어주길 바랄 때 그렇다.

"네가 맞아!!! 그 말에 신경 쓰지 마!"

정말 맞아서 맞다고 하겠어? 그냥 내 편 들어주는 거지.

다닥다닥 붙어있는 저 집들을 보면 하나같이 손을 꽉 잡고 편먹고 있는 것 같다는 생각을 했다. 옛날엔 같은 편끼리 엄지손가락을 잡아 탑을 쌓았던 것도 생각났다.

나에게도 저렇게 단단한 내 편들이 있다. 그 수를 세면 얼추 열 손가락이 모자랐다. 내 말 들어줄 내 편이 없었으면 꽤 섭섭할 뻔했다. 참 다행이다.

후암동 파노라마
서울시 용산구 신흥로20길 37
종이(300g/m2 중목) 위 만년필(NIB: F / INK: REXINGTON GREY)
21×14cm

해방촌과 신용산
서울시 용산구 신흥로 94-1
종이(300g/m2 중목) 위 만년필(NIB: F / INK: REXINGTON GREY) & 마커
18×12cm

평 화 .

이쪽 해방촌과 저쪽 신용산의 빌딩촌을 구분하는 미루나무 세 그루와 그 주변으로 우거진 숲을 그렸는데, 사뭇 다른 두 세계의 어느 쪽에 서기보단 어느 쪽이든 물끄러미 바라볼 수 있는 이 미루나무가 오히려 참 평화롭다고 생각했다.

생각이 많으면 용기는 점점 사라진다. 그래서 그런가, 생각이 많은 난 용기가 참 없는 편이다. 특히, 누군가에게 마음을 표현해야 할 때 생각이 너무 많아서 결국 아무것도 얻지 못한다. 그래서 그냥 바라만 보게 되더라. 어쩌면 미루나무처럼 물끄러미 아무 쪽이나 바라만 보는 게 더 좋을지도 모르겠다. 평화가 더 좋은 때가 있는 거니까.

부산역
부산시 동구 중앙대로214번길 7-8 스타벅스
종이(300g/m2 중목) 위 만년필(NIB: F / INK: REXINGTON GREY)
14×21cm

멀리서 봐야 행복이더라.

어쩜 이렇게 인생이 선 긋기 같을까? 긴 선을 긋다가 힘이 닿지 않거나 손이 떨려서 선을 끊어 긋는 경우가 있는데 멀리서 보면 이게 직선같이 보인다. 구불구불해서 잘못 그은 선 같아도 시작과 끝이 맞으면 오히려 독특한 선이 되기도 하는데 이런 선이 좋더라. 빈틈이야 맘 먹고 찾으면 보이겠지만 멀리서 전체를 보면 빈틈없이 꽉 찬 선이라는 건 그림을 그리면 알 수 있는 일이다.

빈틈없이 행복하다는 말을 좋아한다. 인생을 가까이에서 보면 빈틈이 듬성듬성 보여서 꽤 엉성하게 사는 것 같아 보여도 멀리서 한눈에 보면 아마 빈틈없다는 말이 무슨 뜻인지 알 수 있을 것이다. 행복만 꽉 차 있지는 않을 것이고 아픔 따위의 별스러운 게 섞여 있을 게 분명하다. 그럼에도 그중 몇 개의 행복만으로 우리는 감히 빈틈없이 행복하다고 말할 수 있는 거라고 생각한다.

그러니까 지나간 것에 후회할 필요는 없다. 상처쯤은 있어야 사람 사는 것이고 멀리서 한눈에 보면 누구나 빈틈없이 행복한 거니까. 자꾸 헤집어 자세히 들여다볼 필요는 굳이 없는 거니까. 부산역의 긴 세로선을 긋다가 생각에 잠긴다. 잠깐 쉬어 가는 것도 괜찮지 않을까?

악마는 디테일에 있다

금평리 마을
전라북도 고창군 해리면 금평리
종이(300g/m2 중목) 위 만년필(NIB: F / INK: REXINGTON GREY) & 수채 물감
32×24cm

그림을 그릴 때는 도화지에서 눈을 멀리 둔다. 도화지의 전체를 보면서 그림을 그려야 하기 때문이다. 전체를 볼 수 있으니까 괜한 집착에서 자유로울 수 있다. 더 많은 게 보이니까 별거 아닌 것에 집착하지 않는다. 집착은 과한 욕심을 불러 그림 그리는 것을 어렵게 만든다. 그러나 대부분 우리는 집착이라 여기지 않는다. 집착은 디테일이라는 말로 포장되면서 오히려 좋은 그림을 그리기 위한 필연의 과정이라 여긴다. 결국, 고집을 부리다 망친 그림을 보고 자신을 탓하는 게 전부.

잎이 무성한 나무, 풀잎이 헝클어져 있는 풀밭, 아파트의 창문, 수많은 인파를 그린다고 생각해 보면 숨부터 막힌다. 그릴까, 말까를 고민하다 그리겠다고 마음먹는 순간부터 고행이 시작된다. 똑같이 그리지는 못해도 얼추 비슷하게라도 그려야 하니까 그게 고행의 시작이다. 자세히 그리지 않아야 한다. 좀 빼먹고 그려도 그림은 완성된다. 빼먹는 게 별거 아니라는 걸 깨달았던 게 어디 한두 번이어야지. 우리가 아는 명화를 몇 개 떠올려보면 디테일보다는 '조화'가 강조된다. '스토리'가 눈을 거쳐 마음으로 훅 들어와 감동을 주는 경우가 많았다. 결국, 멀리서 봤는데 아름다우면 아주 잘 그린 그림이 아닐까?

흠 없는 인생은 없더라. 사실, 이 말이 하고 싶어 장황했다. 흠 하나 없는 사람이 어디 있다고. 이쯤은 그냥 무시하고 지나가도 뒤돌아 내가 살아온 길을 보면 어느새 그쯤은 보이지도 않더라. 그러니 우리 인생도 좀 떨어져서 봐야 한다. 명화를 전시할 때 작품에 가까이 다가서지 못하게 라인을 설치하는 것처럼 작품 같은 우리 인생도 좀 멀리 두고 보자. 우리 인생도 멀리서 보면 결국, 희극이다.

명동남거리.
Acrylic on paper.

마티에르 Matière.

나이프에 아크릴 물감을 떠서 캔버스에 처벅처벅 발라가며 색다르게 그림을 그린다. 좀 거친 표면과 함께 두껍게 바른 물감이 두툼한 층과 굴곡을 만들어냈는데 이게 참 예쁘다. 저녁 무렵 용산역과 남산의 운치가 디테일하지는 않아도 꽤 매력적으로 표현됐다.

켜켜이 쌓여 울퉁불퉁한 내 삶의 흔적도 이 그림만큼 아름답다고 생각했다. 가까이 보면 엉키고 섞여서 무질서해 보이지만 멀리서 보면 내 삶도 아름답다는 걸 깨닫는다. 거칠고 까칠한 인생을 살아왔지만 그마저도 흥이 될 수 없다는 걸 이 그림으로 위로 받는다. 부드러운 수채화처럼 살지는 못했지만 거친 유화처럼 사는 인생도 아름다운 거니까.

저녁 빛 감도는 용산역 앞 한강대로
서울 한강대로
종이(300g/m2 중목) 위 아크릴 물감
14×21cm

벚 꽃 상 념.

'영원한 것은 절대 없다'는 〈삐딱하게〉의 가사를 입술에서 오물오물 흥얼거린다. 팝콘 터지듯 활짝 핀 벚꽃이 곧 쏟아질 비에 사라져 버릴 것 같은 아쉬움 때문이었다.

아직 초록을 피우지 못한 적갈색의 자연에서 하얗게 덩어리지듯 꽃을 피우는 벚꽃은 겨울의 끝이라는 시간과 푸석한 겨울 배경을 잘 만나 인기가 있다고 생각했다. 저리 뽐내도 홀연히 바람에 흩날리며 사라질 꽃이라는 것을 아니까 오히려 더 애달파서 정이 가는 것일지도 모른다.

북한강변 벚꽃 터널을 달리면서 나는 내 인생에서 꽃이 언제 피고 졌는지 꼭 집어 말할 수 없다고 생각했다. 사실 그다지 중요하지 않았기 때문이기도 하다. 다만, 꽃이 떨어진 후 몇 번의 소나기를 만나고 두어 달 뜨거운 햇빛을 견디다 보면 열매를 맺는다는 사실이 더 중요했다. 내 인생에서 뭉뚱그려 대여섯 번의 열매를 맛본 것을 세어보고는 그것만으로도 참 고마운 삶이라고 다독였다.

꽃보다는 꽃이 진 후에 견뎌야 할 몇 달의 열정과 고뇌가 더 값지다. 그래서 얻게 되는 열매가 꽃보다는 이득이라고 여기며 사는 내 삶을 나는 응원한다.

북한강변 벚꽃 터널
경기도 가평군 삼회리
종이(300g/m2 중목) 위 만년필(NIB: F / INK: REXINGTON GREY)
21×14cm

문득, 문산
경기도 파주시 문산읍 방촌로 1366-6
종이(300g/m2 중목) 위 만년필(NIB: F / INK: REXINGTON GREY)
18×12cm

문득, 문산.

자유로를 달려 더 이상 갈 곳이 없는 문산에 다다르면 평화누리공원을 지나 시크하게 회전해서 다시 자유로를 타고 돌아온다.

'어디까지 가 봤니?'라는 물음에 뭐랄까 갈 데까지 가 봤다고 자신 있게 말할 수 있는 몇 안 되는 코스이고 경험이다. 너나 나나 여기까지밖에 못 가.

경쟁에 지칠 땐 이게 위로가 되더라. 문산은 문득 이렇게 나를 위로했다.

상상채색.

가을이다. 하늘은 넓게 파랬고 잔디는 깊이 푸르렀으며 나무는 빛을 삼켰는지 까맸는데 갈대가 오히려 빛을 토해내 하얬다. 가을을 그리는 그림에서 색을 빼고 대신 말로 채색을 한다. 색은 그만큼 상상하기 좋은 거니까.

어느 날 후배에게 너는 '연보라색'이라고 말했던 적이 있다. 색 이름이 착해 보이고 조용한 느낌이지만 다른 색과 함께 해도 절대 꿀리지 않으면서 멀리서도 잘 보이고 좋은 향을 가

지고 있을 것 같은 이미지 때문에 그렇게 말했다. 오묘한 우주 같은 사람을 천만 가지 색 중의 하나로 표현하는 건 그 사람을 자세히 관찰하지 않으면 어려운 일이다. 색만큼 사람도 다양해서 가끔은 MBTI나 혈액형처럼 사람마다 색을 정하는 게 유행하지 않을까 생각한 적도 있다.

궁금했다. 나는 무슨 색일까? 노노~~ 채색을 못해서 이러는 게 절.대. 아.니.다.

룻스퀘어의 가을
충청북도 진천군 이월면 진광로 928-27 룻스퀘어
종이(300g/m2 중목) 위 만년필(NIB: F / INK: REXINGTON GREY)
21×14cm

길을 즐길 줄 아는 나이.

내비게이션을 보면서 지나온 길은 기억이 잘 나지 않더라. 길 주변의 건물이나 이정표를 찾기보다는 놓칠세라 화면의 화살표에 집중하니까 그렇다.

가끔은 내비게이션을 끄고 운전을 한다. 교통안내 표지판과 건물을 볼 수밖에 없고 동서남북 방향까지 생각하면서 신경 곤두세워 길을 찾게 된다. 그러면 신기하게도 아무 특색 없던 건물과 가로수가 눈에 들어온다. 지나온 길의 덜컹거림마저 기억에 저장된다. 그저 평범했을 길이 선명하게 각인된다.

지금의 나는 이것저것 눈에 담아 둘 게 많은 나이가 됐다고 생각했다. 스쳐가는 이런 평범한 건물과 가로수조차 내 길의 흔적으로 만들고 싶은 나이이니까. 그만큼 살아온 날보다 살아야 할 날이 적어졌으니까. 손이 많이 가더라도 하루 정도는 복작거리며 살고 싶은 이유. 몸이 좀 불편하고 피곤해도 하루를 기록하고 싶은 이유.

괜찮다. 길을 놓쳐도 길은 결국 통한다는 걸 알 수 있는 나이 정도는 되니까 좀 돌아가더라도 괜찮다. 좀 돌아가도 거기서 더 좋은 일이 있을 수 있다는 걸 아는 나이 정도는 되니까 더디 가는 게 괜찮다.

맑음 마음 말끔
경기도 고양시 일산동구 백석로
종이(CANSON MONTVAL 300g/m2 중목) 위 수채 물감
32×24cm

매 일 의 위 로 .

유튜브를 하면서 가장 듣기 달콤한 이야기는 '위로 받고 있다'는 말이다. 감히 나 따위가 타인을 위로할 수 있다니 이건 상상할 수 없는 일이었다.

위로한다고 애써 꾸미는 말이나 글은 어색하게 티가 나기 마련이지만 그림은 채워지는 선과 색 그 사이 어디쯤 행간에서 갑자기 어떤 생각이 채워지고 종이 위에서 만들어지는 소리를 타고 마음의 소리까지 덩달아 울린다. 하나도 변한 게 없는 고민이지만 그걸 대하는 마음이 어느새 달라진다. 바로 이때, '위로'라는 한 마디 단어가 튀어나온다고 나는 생각한다. 어쩌면 백지를 채워가는 과정이나 서걱서걱하는 펜 소리는 우리가 가장 좋아하는 위로의 주파수가 아닐까?

그림을 그리는 걸 보면서 왜 위로를 얻는 것일까? '본능'이기 때문이라고 생각했다. 아주 어릴 적 우리는 뒤집기를 시작하고부터 그림을 그렸다. 바닥이고 벽이고 언제나 그렸다. 사람은 그렇게 그리기 DNA를 가지고 태어났다는 게 내 주장. 그림 그리는 인류, '호모페인팅쿠스'들에게 그림의 '위로'는 어쩌면 엄마 품처럼 당연한 것일 수도 있다.

매일 그림을 그린다. 그래서 매일 '위로'를 얻는다. 그래서 그림 그리기를 참 잘했다고 또 위로한다.

골목길

서울시 성동구 성수일로3길 6-1
종이(300g/m2, Cold pressed) 위 만년필 & 수채화
14×21cm

〈포럼 광장의 밤의 테라스〉 따라 그리기

종이(300g/m2 중목) 위 수채 물감
12×18cm

To. **빈센트 반 고흐**

"특히, 이 밤하늘에 별을 찍어 넣는 순간이 정말 즐거웠어."

동생에게 보내는 편지에 빈센트, 당신이 이렇게 쓴 걸 봤어. 그럼 그렇지. 당신에게도 그림은 즐거운 거였어. 난, 당신이 늘 심각한 줄 알았지 뭐야.

난 말이야, 당신이 그린 〈포럼 광장의 밤의 테라스〉를 수채화로 따라 그리면서 이런 생각을 했어. 당신이 본 밤하늘은 내가 살던 양평 시골 밤의 하늘을 어쩌면 그렇게 닮았는지. 지나가는 사람들을 아무렇지 않게 툭 던지듯 그리는 것이 퇴근길 사람을 무심하게 쳐다보는 나 같아서 또 한 번 공감했지. 당신은 몇 번의 스케치를 그리고 심혈을 기울인 만큼 그날의 느낌과 분위기를 내려고 했던 거 같아. 아마도 꽤 쓸쓸했던 모양이야. 난 이 그림을 따라 그리면서 쓸쓸함이 자꾸 생각났거든. 쓸쓸함은 내 그림의 정서이기도 하니까. 그래서 난 당신이 더 좋아졌지 뭐야.

아 참, 나도 즐거웠어. 파란 밤하늘에 별을 찍는 순간은 겨울 버스 창에 손을 말아 발 도장을 찍는 것 같았다구.

수 염 을 기 르 고 싶 어 서 하 는 말.

첫 번째 인물은 르 코르뷔지에Le Corbusier. 까만 뿔테 안경이 이 사람의 상징이다. 건축을 전공하면 먼저 이 사람부터 주구장창 보게 되는데 건축가가 까만 뿔테 안경을 많이 쓰는 건 아무래도 이 사람 영향이라는 게 내 뇌피셜.

두 번째 인물은 디터 람스Dieter Rams. 디자인계에서 이 사람 모르면 디자이너가 아니라고 봐야 한다. 무심히 접어 올린 소매와 심플한 넥타이에 2:8 가르마가 이 사람의 상징이다.

사람을 그릴 때, 대충 그려도 상징이 되는 것만 잘 넣으면 얼추 그 사람이 되는데 가끔 나도 이렇게 특징 있는 상징을 갖고 싶을 때가 있다. '이 사람은 이런 사람이다'를 굳이 길게 설명하지 않아도 단박에 알게 하는 것이 중요하다. 요즘은 이런 '브랜딩'이 대세인데 이걸 '퍼스널 브랜딩'이라고 한다. 개인이 하나의 브랜드가 되는 사회.

'퍼스널 브랜딩'의 가치는 그 사람이 쌓아 온 '스토리'가 사실 전부인데 수염 기르고 뿔테 안경 쓴 겉모습만으로 브랜딩이 될 건 아니라는 거다. 내가 수염이나 뿔테 안경, 2:8 가르마가 절대 안 어울릴 것 같아서 하는 말 절대 아니다.

르 코르뷔지에와 디터 람스

종이(300g/m2 중목) 위 만년필(NIB: F)

18×12cm

지우개의 쓸모

따뜻한 차 한 모금을 삼키듯 겨우 넘겼다. 마침 거꾸로 넘어오던 한숨과 충돌해 사레가 든다. 기억까지 지울 수 있는 지우개가 있다면 좋겠다고 생각했다. 이놈의 기억만큼은 지우고 싶었으니까. 지우개를 가자미눈으로 째려본다. 너란 놈은 종이에 묻은 연필 따위만 지워낼 뿐이고 엔간한 것은 지우지도 못하는데 어딜 '지우개'라는 만능의 이름을 가지게 된 거니.

아픈 기억을 없애는 가장 좋은 방법이 지우는 것보다는 '덧칠'이라는 생각을 했다. 지우개의 쓸모를 생각하며 그림을 그리다가 깨달은 지혜였다. 지우려고 애를 쓰다가 상처 난 종이가 더 쓰리고 아팠다. 남겨진 지우개 똥의 처절했던 전투의 잔재를 처리하는 게 힘들었다. 지울 수 있으니 자꾸 뒷걸음질만 치는 것 같았고 그래서 한 발도 못 나갔다. 지우개를 믿었다가 된통 당한 일이 오히려 더 많았다.

차라리 실수의 아픔 따위는 놔두는 쪽을 택한다. 그리고 그 위에 덧칠을 한다. 그림이 더 풍성하고 알차고 입체적이다. 그리는 속도도 더 빠른 건 덤이다. 아니, 그렇게도 지우고 싶던 그 아픈 흔적쯤 좀 보이면 어때? 흠 없이 사는 인생은 없는 거니까. 오히려 덧칠하듯 그린 게 그림을 꾸며주니까 별로 티도 안 나.

여가
충청북도 진천군 이월면 진광로 928-27 롯스퀘어
종이(300g/m2 중목) 위 만년필(NIB: F / INK: REXINGTON GREY)
21×14cm

컨투어 드로잉.

 망설임이 없으니 거침이 없다. 생각이 많으면 용기는 사라진다고 했으니까. 우물쭈물할 시간이 없어서 그냥 흐름에 맡길 때도 있다. 잠시 멈추는 건 다음 길을 가기 위한 판단의 순간이다.

 그림은 인생이다. 지우개를 쓰지 말고 실수한 선을 그냥 놔둔 채 그대로 거침없이 그려간다. 지금은 마음에 남아 괴롭지만 나중에는 실수한 선이 나만의 독특한 문양이 된다. 그렇게 인생은, 그림은 예측할 수 없어 아름답다.

 지우개로 지운다고 다음 선이 예쁠까? 종이만 운다. 나도 운다. 컨투어 드로잉, 인생 같은 그림!

남자
종이(300g/m2 중목) 위 연필(6B)
12×18cm

으른의 커피.

어렸을 때 커피는 어른이 되어야 마실 수 있는 어른의 음료였다. 커피믹스를 뜯어 컵에 털어 넣고 뜨거운 물을 부은 후 그 봉지를 말아 휘이 저어서는 '후루룩~' 소리를 내며 '뜨거움'을 마시는 아버지의 모습에서 저건 마치 막걸리 같은 어른의 음료라고 생각했다. 커피와 함께한 어른들의 대화는 막걸리를 마실 때처럼 진지했으며 가끔 웃음소리로 떠들썩했으니까.

스무 살이 되어 처음으로 커피를 마셨다. 생각보다 커피는 아주 쓴 '검은 음료'였다. 그 이후로 충분히 어른이 되었다고 생각했던 나이에도 커피는 여전히 검고 쓴 음료였다. 얼만큼 나이를 먹어야 '으른'의 맛을 알 수 있는 것일까 생각했다. 어쩌면 커피는 맛이 전부가 아닐지도 모르겠다. 어느 책에 "영양분이 거의 없는데도 왠지 힘이 나게 하는 검은 음료, 커피"라고 쓰여 있었다. 커피는 맛보다는 분위기라는 생각을 이때부터 했다. 아버지는 '왠지 힘이 나는 커피'를 좋아하신 거였다. 어깨의 무거운 짐을 무던히 짊어질 수 있는 '힘'이 나는 것이 필요했던 게다. 커피와 함께한 '으른들의 수다'에서 그 힘을 얻었다고 생각했다.

나는 이제 그때의 아버지 나이를 산다. 라떼를 마시면서 수다를 떤다. 그 옛날 아버지의 수다처럼 힘이 난다. 코끝부터 아려오는 어떤 힘이 온몸으로 퍼진다. 진지함과 웃음이 섞여 떠들썩해지면서 기분이 좋아지고 설레기까지 한다. 이제 '으른'이 된 건가?

CAFÉ와 CUP
서울시 성동구 왕십리로 66-33 1층
종이(300g/m2 중목) 위 만년필(NIB: F)
12×18cm

말의 번뇌.

"진짜? 그게 말이 돼?"

세어 보지는 않았지만 생각보다 이 말을 많이 한다. 익숙하지 않은 것을 보거나 들었을 때, 내 생각의 범주에서는 도저히 이해가 되지 않을 때, 감정 몇 개를 섞어서 '하도 기가 막히다'는 표정으로 내뱉는 말이다. 마치 내가 전부를 아는 것처럼 교만하기 짝이 없는 말이기도 하다.

가끔, 이런 높은 곳에 서서 어쭙잖게 겸손을 생각한다. 조금만 멀리 보면 이렇게 다양한 것들이 있는데, 평생 못 보고 사는 게 얼마나 많은데, 내 경험이라고는 꼴랑 이쯤 어디일 뿐인데 어떻게 내가 전부를 알아서 그리 우쭐대는 건지.

'그럴 수도 있었겠구나.'

이런 고급지고 향긋한 말을 많이 하고 살아야겠다고 다짐한 건 후암동 108계단에서 번뇌가 떠올랐고 자연스레 최근 고민하고 있는 말의 번뇌를 생각했기 때문이었다.

후암동 108계단에서 본 용산
서울시 용산구 용산동2가 1-1342
종이(300g/m2 중목) 위 만년필(NIB: F / INK: REXINGTON GREY)
14×21cm

동빙고 골목길
서울시 용산구 장문로 48
종이(300g/m2 중목) 위 만년필(NIB: F / INK: REXINGTON GREY) & 수채 물감
14×21cm

결 핍 예 찬.

'가난했지만 불행하다는 생각은 하지 않았다.'

케케묵은 소싯적 가난을 굳이 꺼내는 이유는 오늘같이 바람이 세게 불고 비가 오는 날에는 뜬금 '그땐 그랬지'라는 기억이 영화의 장면처럼 재생되기 때문이다. 이런 결핍은 잘 살아왔으니까 꺼내 볼 수 있는 애절한 추억일 수도 있겠고 더 잘 살기 위한 삶의 교훈 정도로 여긴다.

결핍은 어떤 새로운 힘을 만든다고 생각했다. '가난'이라는 결핍은 내게 '끈기'라는 힘을 만들어 주었기 때문이다. 그래서 엄청난 부자가 되었다든지 성공한 인물이 되었다는 이야기는 절대 아니다. 지금의 나는 그저 내 삶에 만족하며 사는데, 가난이라는 결핍이 준 끈기라는 에너지가 꽤 중요한 역할을 했다고 말하고 싶은 거다. 웬만치 나이 먹은 사람들 어깨에 하나씩 있는 불주사 흔적처럼 어쩌면 내 인생에서 '결핍의 흔적'은 '그래서, 지금 행복한 것'이라고 다독여 주는 예방주사 흔적이라고 생각했다.

여백 예찬 餘白禮讚.

채우지 못해 비어 있는 것을 근심하는 일들이 많아졌다. 대부분 어떤 목표를 채우지 못했거나 채우는 데 한계가 느껴질 때 오는 걱정들이다. 원하는 걸 꽉 채워 사는 사람들이 얼마나 있다고 이리 근심으로 사는지 투덜대며 이 그림을 그린다.

그림을 그리다가 하늘을 어쩔까 고민했지만 그대로 비워 두기로 한다. 여백이 있는 그림을 좋아하기 때문이다. 여백은 그림에서 쉼표와 같은 역할을 한다. 여백은 복잡한 이미지를 덜어내 주인공만 드러나게 한다. 여백이 있어야 그림이 더 안정을 갖는다. 그래서 여백은 그림을 질리지 않게 한다.

그랬다. 여백이라 생각하면 될 일이다. '여유' 있게 지금의 상황을 '여백'이라 생각하면 오히려 견딜 수 있다. 그래야 더 중요한 것에 집중할 수 있다고 생각했다. 그래야 질리지 않고 이것저것 채워가며 살 수 있을 거라 생각했다.

그림의 '여백'을 물끄러미 보며 독백하듯 나에게 말한다.

"여백은 '없다'는 뜻이 아니야. 여백은 더 많은 생각을 하게 해. 오히려 꽉 채운 것보다 풍부하다니까. 그러니까 이 그림은 꽉 채워져 있는 거야."

채우지 못해 근심하는 나는 사실 아주 꽉 채워져 사는 사람.

남산타워
서울시 중구 후암로58길 21
종이(300g/m2 중목) 위 만년필(NIB: F / INK: REXINGTON GREY)
12×18cm

말끔보다 지저분.

해방촌 오거리를 그렸다. 세월의 흔적이 지워지지 않아 켜켜이 쌓인 집이 애틋하다. 규칙 없이 사방으로 흩어지는 전깃줄이 세월을 말해주는 주름 같아서 정겨웠다. 이것저것 덕지덕지 품고 있는 전봇대는 살아보니 별일 없다고 말하는 것 같았고 세월의 때로 색칠된 색색의 간판은 빨간 립스틱을 바른 우리 누나 같아서 '정'이 간다. 사람 냄새 물씬 나는 내 인생이 여기에 고스란히 있는 것 같았다.

문득, '지저분'을 생각한다. 아이패드 드로잉은 손가락 두 개를 화면에 터치만 하면 실수한 것을 되돌릴 수 있어서 매력 있다. 얼마든지 되돌려 깨끗하고 맑고 반듯한 그림을 그릴 수 있고 실수할까 봐 걱정하면서 덜덜 떨지 않아도 되니까. 그럼에도 실수한 선들이 덕지덕지 지저분한 '종이 위 그림'에 더 매력을 느낀다. 반듯하고 깨끗한 그림은 예쁜 마네킹같이 공허하기 때문이다. 어쩌면 흔적으로 얼룩져 사는 삶을 닮은 그림이 좋은 건지도 모르겠다. '지저분'을 포기 못하는 취향은 어쩔 수 없나 보다.

되돌리기의 단축키 'Crtl+Z'는 인생에 없다. 홈 잡힌 기억을 지울 수는 더더욱 없다. 시간이 지나 꾸역꾸역 잊으며 사는 게 지혜다. 후회야 늘 있지만 덧칠하면 금세 또 잊히니까.

해방촌 오거리
서울시 용산구 해방촌 오거리
종이(300g/m2 중목) 위 만년필(NIB: F / INK: REXINGTON GREY) & 수채 물감
14×21cm

구태여
모래라도 밟아보겠다고
이 바다를 찾았지만
그해 여름과 가을의
목록했던 감정은
12월의 차는 바닷바람에
금세 잊히고 말았다.

해운대 해변의 추억
부산 해운대
종이(300g/m2 중목) 위 만년필(NIB: F / INK: REXINGTON GREY) & 수채 물감
21×14cm

왜 그리는 그림, 왜 사는 인생

외워서 그림을 그리는 일이 꽤 있다. 자동차, 나무, 사람, 고양이, 강아지 뭐 이런 것들. '지나간 사람을 어떻게 그려?' 눈앞에 두고 눈싸움하듯 그려야 직성이 풀리는 우리들의 이야기라면 지나간 게 별게 있겠냐는 정신 승리가 우선이다. '이렇게 지나갔겠지' 상상해서 그리면 그만.

그러니까 몇 가지 정도는 그냥 외워 둔다. 이건 그림을 좀 빨리 그리게 해 줄 치트키인데 마치 구구단을 외워 쓰는 것 같은 꽤 쓸모 있는 방법이다. 처음 듣는 말이라면 속는 셈 치고 민간요법처럼 그냥 한번 해 보기를.

살다가 만난 문제가 경험으로 풀릴 때가 있다. 언젠가 한두 번 겪었던 일들이 경험으로 저장되어 있다가 꽤 쓸모 있게 고민을 풀어주었던 것부터 내 경험은 아니더라도 남이 경험해서 알려주는 책이나 영상으로 문제를 풀게 된 적도 어지간히 많았으니까. 결국 오늘 겪은 모든 일이 다 소중해진다. 쓸모없는 경험이란 없다는 뜻. 난감할 때 사용할 치트키 몇 개는 갖고 살아야 한다는 뜻. 그래서 인생이라는 그림을 재미있게 잘 완성하자는 뜻.

인생, 다 그렇게 사는 거다.

후암동
서울시 중구 후암로58길 21
종이(300g/m2 중목) 위 만년필(NIB: F / INK: REXINGTON GREY)
12×18cm

남산타워
서울시 용산구 한강대로104길 20
종이(300g/m2, Cold pressed) 위 Winsor&Newton LINER(0.8mm)
23×26cm

경험으로 산다는 것.

운전면허증을 따고 1톤 트럭을 끌었던 적이 있다. 그때 직장이 수원이었는데 서울 을지로까지 처음 이 트럭을 끌고 와야 했을 때 선배들은 서울의 지리에 대해 침 튀기며 이야기를 해줬다.

"서울에서 운전을 하려면 말야, 한강 다리를 잘 타면 돼. 그리고 남산타워가 어느 방향에 있는지 잘 보고 운전하면 돼."

지금이야 내비게이션이 있어서 이 말이 싱겁겠지만 그때는 자동차마다 지도책 한 권 정도는 있었던 때이고 운전을 할 때는 지도를 볼 수도 없었으니까 길을 찾을 땐 경험이 최고의 기술 중 하나였다.

내비게이션의 안내를 따라 운전하는 것이 자연스러워진 요즘에도 나는 여전히 서울의 다리를 먼저 떠올려 길을 생각한다. 강북 지역을 갈 때면 늘 남산타워를 기준으로 길을 얼추 계획한다. 자세한 길이야 내비게이션이 알려 준다지만 대략의 큰길을 머릿속에 넣어 운전하는 게 편하기도 하고 안전 운전에 도움이 되기 때문에 여전히 난 선배의 경험에 더해 나의 경험으로 운전을 한다.

경험으로 산다는 게 이런 게 아닐까? 삶에 가야 할 목표가 있다면 우선 경험으로 길을 찾는다. 저기 보이는 저 남산타워처럼 기준이 될 수 있는 어떤 경험이 개략의 방향을 알려 줄 수 있기 때문이다. 가만히 보면 우리 인생을 쭉 되짚어 볼 때 중요한 변곡점의 순간들이 있다. 대학 수능시험이라든지 직장을 구하는 일, 결혼을 준비하는 일이나 자녀를 낳아 키우는 일 등 우리 삶에는 남산타워나 한강다리 같은 기준점이 될 만한 일들이 많다. 시간만큼 공평하게 누구의 삶에나 주어지는 게 이런 기준점이 아닐까? 다만, 언제 어떻게 사용할지를 아는 건 다른 문제. 지혜롭다는 건 이걸 잘 사용할 줄 아는 것이라 생각했다.

후암동 남산타워 아래를 지나면 늘 선배들의 경험이 떠올라 저절로 웃게 된다. 아, 김부장님, 어떻게 지내세요?

오늘 겪는 모든 일이
다 소중해진다.
쓸모없는 경험이란
없다는 뜻.

난감할 때 사용할
치트키 몇 개는
가지고 살아야 한다는 뜻.

그래서 인생이라는 그림을
재미있게 잘 완성하자는
뜻.

진심 찾기.

　인간관계 속에서 '믿음'이 흔들릴 때가 있다. 오래된 관계여야 흔들림도 생기는데 이때는 섣불리 판단하지 말아야 한다. 적어도 그 상황 속에서 '진심'이 무엇일까 생각한다. 어쩌면 진짜 마음과는 다르게 오해일 수 있는 거니까. 그래서 나름의 검증 단계를 거친다. 이때 작동하는 게 '경험'이다. 그 관계가 오랜 시간 만들었던 수많은 지난 흔적을 살피면서 나름의 합리적인 알고리즘을 만들고 그 안에서 생각을 해 보는 거다. 대부분 그 경험 안에서 진심이 무엇인지 찾을 수 있다.

　앙상해서 죽은 것 같은 저 나무는 봄이 되면 무성하게 잎을 피우고 초록의 생생함을 무뚝뚝하게 뽐낼 것이다. 이것은 '믿음'이다. 설사 봄이 늦게 와 가지가 여전히 앙상하여도 여기에 애써 '진심'을 찾지 않는 것은 몇 번의 계절을 '경험'했기 때문이다.

　조치원정수장 카페에서 홀로 외로이 서 있는 이 앙상한 나무를 그리면서 나는 지금 어떤 관계의 '믿음'을 사유한다. 계절이 오고 가는 것을 오해하지 않듯 인간관계가 이 정도의 믿음이면 좋겠다고 욕심을 부려보지만 어디 이게 쉬울까. 적어도 오해하기는 쉬운 거니까 '진심'을 찾아보겠다는 마음만은 간절하다.

겨울나무와 조치원정수장
세종시 조치원읍 수원지길 75-21 방랑싸롱
종이(300g/m2 중목) 위 만년필(NIB: F / INK: REXINGTON GREY)
18×12cm

리추얼 Ritual.

규칙적으로 행하는 의식, 의례를 뜻하는 말. 무력감을 극복하고, 심리적 만족감과 성취감을 얻으려는 일종의 습관이다.

하루 중 짧더라도 나만의 시간을 만들면 좋겠다고 생각했다. 하루 종일 모진 세상 사느라 어그러지고 뒤틀어진 마음뼈가 다시 제자리를 찾을 수 있도록 생각을 내려놓고 오롯이 나에게만 집중할 수 있는 그림을 그리는 리추얼 타임이 난 정말 필요한 사람이다.

서울숲역 2번 출구와 분주하게 퇴근하는 사람들을 그린다. 이 사람들도 나와 같다면 일그러진 마음과 어그러진 마음뼈가 잠들기 전까지 제자리를 찾았으면 했다. 그래서 평안한 잠자리에 들 수 있기를 펜 끝에 간절한 바람을 모아 그린다.

서울숲역과 퇴근하는 사람들
서울시 성동구 왕십리로 58
종이(300g/m2 중목) 위 만년필(NIB: F / INK: REXINGTON GREY)
21×14cm

어릴적 우리집 백구는
한겨울 눈밭을 나와같이
 냅다 뛰어다녔다
그러고는 그 녀석이 이래웃었지
어. 웃어? 뭐가 그리좋으냐?
 그럼에도 불구하고,
  나도 이렇게 웃을거다.

백구의 웃음
종이(300g/m2 중목) 위 플러스펜 & 마커
18×12cm

무드리 방앗간.

내가 태어나기 전부터 있었던 곳인데 결국 지금까지도 그곳에 그대로 있다. 건물 하나가 뭔데 마치 내 백일 사진 같은 걸까?

학교를 가려면 여기 이 방앗간을 지나가야 했고 순철이네 집에 놀러가려면 꼭 여기를 지나야 했다. 이 방앗간 뒤는 넓디넓은 논이 펼쳐져 있고 그 논 끝에는 북한강이 유유히 흘렀는데 사실 그때는 꽤 멋진 경관을 자랑했고 이곳이 여기에서 주인공이었다. 쌀을 정미하고 나면 왕겨가 이 방앗간에 가득했는데 폭신해서 그 위에서 뛰어놀기도 하고 파고 들어가 숨기도 했다. 옷 속에 들어와 몸을 괴롭혔던 왕겨 때문에 늘 뒤탈이 많았지만 그땐 그게 그렇게 재미있었다.

내 인생, 아직도 곁에 있는 모든 것에 대한 예찬. 그중에, 너도 마찬가지.

무드리 방앗간
경기도 양평군 서종면 수입리
종이(300g/m2 중목) 위 만년필(NIB: F / INK: REXINGTON GREY) & 수채 물감
32×24cm

세종중앙호수공원에서 봄을 기다리며
세종시 호수공원길 155
종이(300g/m2 중목) 위 만년필(NIB: F / INK: REXINGTON GREY) & 수채 물감
32×24cm

'흐리다'를 위한 변.

구름이 잔뜩 덮인 하늘과 정부청사 그리고 세종시 도서관과 그 앞의 세종호수를 그리면서 봄기운이 스멀하게 올라오는 분위기에 기분마저 좋았다. 흐린 날에 참 잘 어울리는 풍경이라고 생각했다.

'흐리다.' 국어사전엔 '잡것이 섞여 깨끗하지 못하다'라고 써 있다. 뜬금 '흐리다'를 찾아본 건 이렇게 선명한 날을 구름이 좀 꼈다고 '흐리다'라고 하는 게 맞는 건지 궁금해졌기 때문이다. 국어사전대로라면 '흐린 날'엔 구름이 잡것이 되는 건데 어째 좀 섭섭했다. 깨끗해서 저 멀리까지 선명하게 보이는 이 날씨가 어째서 깨끗하지 못하다고 말하는 건지 입술 삐쭉 불만이었다. 오히려 구름이 해를 가려 적당한 빛을 비추니까 구름 낀 날의 풍경은 언제나 차분하고 정겹고 아름다웠다. 깨끗하지 못하다는 뜻을 가진 '흐리다'는 말로 애꿎게 구름의 명예를 훼손해서는 더 이상 안 되겠다고 생각했다. 이 무슨 해괴한 장난이냐고 고개를 치켜들고 코 평수 넓혀 기상청에 말해야 하나?

오늘 같은 날씨는 '흐린 날'이 아니라 '구름 낀 날'이 적당하다고 생각했다. 그렇다면 '맑은 날'은 '널 보는 날'이라고 하면 꽤 로맨틱하겠지?

두리 "수수" CAFE.

고목과의 대화.

'사는 게 생각보다 별거 없더라.'

몇백 년을 버틴 것 같은 양수리 강변의 아름드리 고목나무가 이렇게 위로했다. 건물이나 나무같이 이런 오래된 것들 앞에 서 있으면 꽤 마음이 편안해져서 좋다. 세월의 온갖 흔적이 잔뜩 배어 있는 거뭇한 표정으로 '그래도 살 만했다'며 위로를 해주는데 이게 참 좋더라.

걱정 마, 잘될 거야. 너도 그럴 거야.

양수리 고목나무
경기도 양평군 양서면 북한강로89번길 16 수수카페
종이(300g/m2 중목) 위 만년필(NIB: F / INK: REXINGTON GREY)
12×18cm

활력 찾기.

　업무를 하다가 잠깐의 휴식을 위해 커피 한 잔을 시켜 놓고 아픈 종아리를 주무르다가 무심히 쳐다본 바깥 풍경은 특이할 것 없는 일상이었지만 나는 거기서 내가 잊고 있던 활기찬 움직임을 숨은 그림 찾기처럼 불현듯 봤다. 요사이 갇혀 있는 연기처럼 귀찮음이 자욱한 나였기 때문이었다.

　숨죽이다 가까스로 내쉰 한숨 뒤에 이내 나도 나의 목적지를 향해 분주히 움직이겠다 마음을 먹고는 바로 그 순간 주섬주섬 도구를 꺼내 이 그림을 그렸다.

　커피는 반쯤 남아 식어 있었고 먹다 만 머핀이 가루가 되어 널브러져 있는 테이블을 물끄러미 쳐다본다. 일상은 가끔 이렇게 훅 들어와 가슴을 친다.

부산 센텀시티의 거리
부산시 해운대구 센텀3로 20 1층
종이(300g/m2 중목) 위 만년필(NIB: F / INK: REXINGTON GREY)
18×12cm

순천 : 순간을 천천히.

저녁 빛이 스멀하게 감도는 순천역 앞 거리는 출장길에 고작 스을~쩍 머물다가 단숨에 지나친 찰나의 거리였지만 그냥 기억에서 휘발시키기가 이내 아쉬웠다. 저녁 먹을 시간이 없어 건너편 파리바게트에서 빵 한 개를 사고는 서둘러 걷다가 흔들린 채 사진을 찍었고 며칠 뒤에 이 그림을 그렸다.

이 그림 속 거리를 무심히 걷는 뒷모습의 중년이 '나'다. '라파엘로Raffaello Sanzio'나 '카라바조Caravaggio'라는 화가들처럼 자신을 그림에 그려 넣는 대가의 스킬을 언감생심 흉내 내 보는 게 전부이지만 그날 순천의 내가 그 거리에 남아 '밤의 순천'을 볼 수 있기를 바라는 마음이 컸기 때문에 그렇게 했다.

'다 빈치 코드'처럼 '기주 코드'를 숨겨 놓은 것인데 어째 재미있어서 또 할 것 같다. 카라바조도 이런 기분에 그랬을 거란 생각을 하니까 사람 결국 다 비슷하다. 아니면 말고. 그림은 기세다.

순천역 앞
전라남도 순천시 팔마로 135
종이(300g/m2 중목) 위 만년필(NIB: F / INK: REXINGTON GREY) & 수채 물감
12×18cm

빛은 어둠을 그린다

해 든 카페
경기도 파주시 탄현면 방촌로 1185
종이(300g/m2 중목) 위 피그먼트 라이너 & 수채 물감
32×24cm

그림이란 게 인생을 많이 닮았다
지금 깊은 어둠속에 있다면
어쩌면 밝게 빛나는
내가 그려지고 있다고 생각한다
헤어날 수 없는 어둠이 칠흑 같을지라도
결국은
더 밝은 나를 완성해 줄 거라는 것을 알게되면
이쯤은 견딜수 있을 것만 같다
깊은 골짜기가 있어야 높은 산이 만들어진다는 말보다는
좀 더 고급스럽고 화려한 표현이라고
생각한다

그림자는 어떤 물체를 빛이 그린 그림. 또는 빛이 쓴 글씨. '그림字'의 어원이나 뜻이 괜히 궁금해서 혼자 곱씹어 생각한 결론이 이렇다.

조금은 쌀쌀한 공기가 아직 겨울이라고 알린다. 몸도 녹일 겸 꽤 큰 창이 있는 파주의 카페를 찾았다. 따뜻한 햇빛이 유리창을 지나고 의자를 지나 아레카야자를 지나면서 바닥에 그림을 그려 놨다. 그림자마저 따뜻했다. 어쩌면 '평안'이라고 글자를 쓴 것이 아닐까 생각했다.

햇빛이 밝은 날을 그리려면 그림자를 진하게 그린다. 창문을 통해 빛이 드리워져 꽤 느낌 있는 카페를 그리고 싶을 때 무엇을 해야 할지 모르겠다면 머릿속에 그림자를 어떻게 그려야 할까 생각하는 거다. '밝음'을 그려야 할 때 '어둠'이 필요하다는 말이다. 역설이지만 써먹을 지혜다.

그림이란 게 인생을 많이 닮았다. 지금 깊은 어둠 속에 있다면 어쩌면 밝게 빛나는 내가 그려지고 있다고 생각한다. 헤어나올 수 없는 어둠이 칠흑 같을지라도 결국은 더 밝은 나를 완성해 줄 거라는 것을 알게 되면 이쯤은 견딜 수 있을 것만 같다. 깊은 골짜기가 있어야 높은 산이 만들어진다는 말보다는 좀 더 고급스럽고 희귀한 표현이라고 생각했다.

어둠 없이 밝기만 한 그림은 어딘가 밋밋하고 비현실적이다. 어둠이 어느 정도는 있어야 그림이 입체적이고 살아 있다. 그러니까 지금 힘들고 지쳐 있다면 이건 어둠을 칠하고 있는 중이며 아주 밝은 내가 동시에 그려지고 있는 중이라는 말이니까 오히려 설렌다. 엄청 설렌다.

오십 예찬.

오후 여섯 시를 좋아한다. 해가 마지막 에너지를 태우는 시간이다. 마치 자기가 만들 내일이 없는 듯 온 세상을 붉게 태운다. 이때의 해는 길쭉하고 넓은 그림자를 만드는데, 보이는 모든 것을 까맣게 태웠다고 증명이라도 하듯 짙고 검은 음영을 만들어 그 흔적을 남긴다.

사람 나이 오십이면 얼추 해가 지는 시간이라고 생각했다. 때가 되면 기운다거나 사라지는 건 자연스러운 일이지만 결국 지고야 만다는 사실은 정수리까지 슬픈 이야기다. 활활 타올라 뜨거움을 아직 충분히 간직하고 있는 나이이기 때문이라서 더 그렇다.

오후 여섯 시의 해가 주변까지 붉게 물들이며 뜨거운 기운을 만드는 걸 보면서 생각했다. 가장 밝고 가장 뜨거운 시간은 오후 두 시가 아니더라. 결승선 앞에서 젖 먹던 에너지까지 쏟는 것처럼 해 지기 전의 지금이 어쩌면 가장 뜨거운 시간일 거라고 생각했다. 지금이 주변의 모든 것들을 붉게 물들일 만큼 노련하게 뜨거울 나이라고 생각했다.

가만두지 않겠어. 실력 좀 보여줄까?

서해대교 선셋
충청남도 당진시 신평면 매산로 170
종이(CANSON HERITAGE 300g/m2, Rough) 위 Winsor&Newton LINER(0.8mm) & 수채화
26×18cm

성수동 골목길
서울시 성동구 왕십리로6길 40
종이(CANSON MONTVAL 300g/m2 중목) 위 수성흑연연필(6B)
32×24cm

봐 봐
밝음과 어둠이
오히려 더 잘 보이지?
온갖 색의 화려함으로 치장하지 않고
있는 그대로를 보여주는 사람은
밋밋해도 깊이가 있어 보인다니까.
우리, 너무 애쓰지 말자.

눈이 부시게.

한겨울 오후 다섯 시의 햇빛은 해 지기 전이라 그런지 빛이 더욱 풍부했다. 넘어가는 해가 만들어내는 길고 짙은 어두운 그림자가 햇빛을 오히려 더 밝아 보이게 했다. 게다가 녹지 않은 눈이 빛을 반사하면서 이래저래 눈이 부셨다.

사람 사이가 염증으로 앓이를 시작하는 때는 대개는 '몰라도 될 것을 알았을 때'부터가 아닐까 생각한다. 평소에는 그러저러 별일 아니라고 여기며 지내다가도 어떨 때는 재채기처럼 순간적으로 무력감이 찾아올 때가 있는데 이때 좀 너덜해진다. 잘하고 있고 잘했다고 생각한 것들이 그저 그런 것으로 여겨져 내게 들려올 때가 그렇다. 이럴 때 찾아온 무력감은 감기처럼 그냥 앓는 수밖에 없더라.

이 무력감을 그림자 정도로 여길 수 있다면 좋겠다. 눈부신 햇빛 때문에 만들어지는 그림자의 어둠이라면 그나마 버틸 수 있을 것 같으니까. 눈부신 나의 날을 위해 이 정도의 어둠은 오히려 꼭 필요한 거니까. 추웠지만 눈이 부시게 고마운 나의 하루를 마감한다.

대동리의 겨울
경기도 파주시 탄현면 새오리로339번길 77-50
종이(300g/m2 중목) 위 만년필(NIB: F / INK: REXINGTON GREY) & 수채 물감
32×24cm

To. **예쁜 아무개**

빛은 어둠으로 그려. 재밌지? 환한 빛을 표현하려면 어두운 배경을 그리거나 그림자를 활용하는 거야. 이건 그림 그리다 보면 알게 되는 기술이고 지혜인데 이 정도는 알지?

'있다'를 말하려면 '없다'가 있어야 하는 것과 같은 이치. '존재'가 있어야 '부재'의 의미를 아는 것과 같은 말. 내리막이 있어야 오르막도 있는 법이고 기쁨은 슬픔이 있어야 알게 돼.

오늘 같은 극한의 뜨겁고 푹푹 찌는 날씨를 그림으로 그린다면 뭘 그릴래? 나 같으면 차가운 '아아'를 그리겠어.

그러므로, 예쁜 아무개야. 못생긴 '내'가 있어서 '너'가 빛나는 거야.

아아의 시원한 그림자

아이패드 드로잉(프로크리에이트)

은하수를 보는 법.

겨울밤 아홉 시면 동네 친구들과 밤 술래잡기를 하며 놀곤 했다. 두 개 팀으로 나눠 하는 단순한 게임인데 한 팀이 숨어있는 팀을 다 찾으면 승리하는 놀이다. 칠흑 같은 어둠에 숨어 숨죽여 들키지 않으면 그만. 쉽게 찾을 수 없는 장독대 바닥에 누워 밤하늘을 보는 것밖에는 할 게 없지만 상대 팀의 발소리가 들릴 때의 긴장감 때문에 엄청 재미있었다.

이때 바라본 밤하늘에 흐르던 은하수를 기억한다. 빛 하나 없는 칠흑의 밤이어야 보이는 은하수를 그때는 넋 놓고 쳐다본 게 전부였지만 그게 그렇게 소중한 추억이었는지는 지금에서야 알게 됐다. 지금의 밤하늘은 그때만큼 은하수를 허락하지 않으니까.

한 치 앞도 보이지 않는 칠흑의 어둠이어야 볼 수 있는 은하수를 그리면서 생각했다. 어쩌면 칠흑같이 캄캄한 인생이라야 보이는 내 인생의 은하수 같은 것들을 떠올렸다. 안온할 때는 보이지 않았던 것들. 지친 하루에도 때가 되면 찾아갈 집과 가족이 있는 것이라든지 외로운 싸움을 하는 중에도 몇 마디 말로 내 편을 들어줄 친구가 있는 것 등, 그럼에도 불구하고 살 만하고 살 이유가 있다는 것에 감사하기로 했다.

차가운 겨울밤이면 적막한 밤의 소리와 별이 빛나는 하늘이 아롱지게 생각나 그때의 내가 지금의 나를 다독거려 준다.
그나저나 이놈들 잘 사냐?

은하수가 흐르는 밤하늘
종이(CANSON MONTVAL 300g/m2 중목) 위 수채 물감
24×32cm

석촌호수와 피아노 맨.

빼빼 마른 꽁지머리의 길거리 피아노 맨이 각 잡고 연주를 시작했고 사람들은 걸음을 멈추고 음악을 듣는다. 들을 때는 몰랐지만 그가 연주한 곡은 이루마의 〈River Flows in You〉였다. 석촌호수의 다리 아래는 울림이 좋았고 육중한 다리 구조물들이 조명을 받아 꽤 무대 같아 보였다.

『음예 공간 예찬』이라는 책이 생각났다. 건축을 공부했으니 한때 이런 책도 많이 읽었다. '음예'는 어스름한 창호지와 촛불에 일렁이는 어두운 공간의 분위기를 뜻한다. 동양적인 표현인데다가 상상만 해도 매력 있는 이런 공간을 좋아했다. 음예 공간 안에서는 뭐든 아름답다. 빛은 적당한 밝음과 어둠의 그림자를 만드는데 마술처럼 모든 것들이 섞여서 뭐 하나 튀는 것이 없다. 어두우니까 모든 흠이 사라지면서 오히려 순수해진다. 보이는 게 적어지니 모든 소리에 민감해지고 눈보다는 귀가 열리는 공간이다. 피아노 맨의 조금 느끼한 액션과 이루마의 음악은 음예 공간에서 더 세련되게 퍼져 나갔다.

늦여름의 석촌호수를 걷는다. 찢어 대는 매미 소리보다 적당히 끼어드는 귀뚜라미나 풀벌레 소리가 훨씬 세련됐다. 사람들의 발자국 소리가 적당히 섞여 비트를 만든다. 나뭇잎을 비비는 바람 소리가 왼쪽에서 오른쪽으로 이동하면서 소

석촌호수와 피아노 맨
서울시 송파구 송파나루길 256
종이(300g/m2 중목) 위 만년필(NIB: F / INK: REXINGTON GREY)
14×21cm

리를 낸다. 모든 소리에 귀를 기울인다. 그만큼 말이 없었지만 거추장스러운 말보다 소리가 대신 말을 할 때가 있다. 어쩌면 이때의 소리는 몇 마디 말보다 풍성하게 공명되어 가슴을 쳤는지 모른다.

세거차노하ㅗㅅㅓ PIANOMAN

그림은 시간으로 그린다

무드리의 해넘이
경기도 양평군 서종면 수입리
종이(300g/m2 중목) 위 만년필(NIB: F / INK: REXINGTON GREY) & 수채 물감
32×24cm

그림은 시간으로 그린다. 물이 적당히 말랐을 때 다음 색을 칠해야 하는 경우와 다 말랐을 때 다음 색을 칠해야 하는 경우의 사이 어디쯤을 콕 집어 채색하는 건 늘 어려운 일이다. 어쨌든 시간을 잘 관리하는 그림이 멋진 그림이 된다는 말이다. 그래서 수채화는 기다림의 그림이다. 칠해진 색이 덕지덕지 어둡고 지저분하면 이건 십중팔구 시간 관리가 안 된 그림이다. 빨랐거나 느렸거나 둘 중 하나. 이걸 만회하려고 붓질하다 망쳐버린 내 그림을 보는 게 괴로웠던 순간은 손에 꼽을 수도 없었으니까.

물의 마름 정도는 누가 가르쳐 준다고 해서 알 수 있는 게 아니다. 스스로의 경험이 중요한 이유는 그날의 온도나 습도, 날씨가 나에게만 특별하기 때문이다. 인생을 사는 건 라면 끓일 때 물 맞추는 일이라고 누군가 쓴 글을 읽었다. 결국 경험이라고 결론 내린다. 수채화도, 인생도, 라면도 경험이 중요하다는 사실에 혼자 고개를 끄덕인다. 이러지도 저러지도 못하고 품에 뒀다가 이내 일을 그르쳤던 게 어디 한두 번이어야지. 세상 모든 문제는 타이밍이 어긋나서 일어나는 경우가 참 많다. '기다림'은 인생을 아름답게 그릴 수 있는 '필수 자세'라고 생각했다.

인생을 사는건
라면 끓일 때
물 맞추는 일이라고
누군가 쓴 글을 읽었다.
결국, 경험이라고 결론 내린다.

쓸쓸함
종이(CANSON MONTVAL 300g/m2 중목) 위 수채 물감
32×24cm

쓸 쓸 함 에   대 하 여 .

그림을 그리는 건 흘러가는 시간을 붙잡아 보려는 마음에서다. 흘러가 사라지는 것들을 복구하고 싶은 마음 때문이기도 하다. 잠시 스쳤던 감정을 가둬두고 싶을 때도 그렇다. 뭔가 그림을 그린다는 건 마음을 부지런히 쓰는 일 같다고 생각했다.

쓸쓸함은 요즘 내가 자주 느끼는 감정이다. 이건 외로움과 다르다. 자발적으로 마음을 비운다거나 일부러 고독해지려는 일종의 카타르시스. 이 그림은 이런 쓸쓸함을 가둬두고 기억하고 싶어서 그렸다. 어쩌면 언젠가 꺼내 볼 이 그림으로 아름다웠던 감정을 복구해 보려는 심산이 크다. 이 그림을 그릴 때의 나는 꽤 로맨틱했으니까.

비 그친 무의도
인천시 중구 대무의로 90
종이(CANSON MONTVAL 300g/m2 중목) 위 수채 물감
32×24cm

소나기.

소나기가 온 뒤 무의도는 평화로웠다. 구름 사이로 간간이 비치는 햇빛이 성스러웠다. 구름은 까맣게 맑았으며 산을 감싼 운무는 신비하게 포근했고 공기는 청량하게 맑아 코 숨이 신선했다.

소나기를 기다리는 건 더위를 식혀 주길 바라기 때문만은 아니다. 온통 소란스럽게 세상을 뒤집어 놓으니까 그 뒤의 햇빛, 구름, 공기가 평화로워지기 때문이다. 마치 어그러지고 무질서한 것들에게 제자리를 찾아주는 게 소나기라고 생각했다. 마구 흔들면 쭉정이와 알곡이 분리되는 것 같은 그런 원리처럼 말이다.

어쩌면 우리 사이에 소나기가 지나갈지 모르겠다. 그땐 숨죽여 이 비가 그치기를 바랄 뿐이다. 평화로운 우리를 기대하면서.

사 이 드 미 러.

너는 항상 멀리 있다고 생각했다. 시간이 지나 이제 좀 가까워졌다고 생각했지만 이래저래 일들을 겪으면서 여전히 한 걸음 뒤에 그렇게 거리를 두고 있더라.

'사물이 거울에 보이는 것보다 가까이 있음.'

자동차에서 내려 뒤쪽으로 걸어가는 너의 뒷모습을 지켜보다 사이드 미러에 써있는 이 글을 보면서 생각했다. 어쩌면 사이드 미러로 너를 보고 있는지 모르겠다고 말이다. 어떤 선입견이나 오해의 거울을 걷어내면 훨씬 가까이 있을지도 모르겠다고 생각했다. 한 번쯤은 고개를 한껏 돌려 눈으로 직접 봐야 하는 걸 왜 몰랐을까?

헤이리의 오후
경기도 파주시 탄현면 헤이리마을길 63-26
종이(CANSON MONTVAL 300g/m2 중목) 위 수채 물감
32×24cm

꽃비, 마지막 찬란한 몸부림.

나이를 먹고부터 자연을 나 자신과 동기화하기 시작했다. 나이 먹으면 내가 꽃이 된다지. 꽃이 지는 게 슬픈 건 내년에도 볼 수 있을까 아련해지기 때문이라지. 그래서 꽃의 화려함을 닮아 빨간 옷을 좋아하는 것일까?

날리는 꽃잎이 찬란하기도 했지만 저리 한 번에 쏟아내면 이제 끝일 텐데 어찌 저러는지 아쉬웠다. 화장기 한 번에 지워내고 이제 곧 올 여름과 가을은 어찌 지내려고 하는 걸까? 빠알간 립스틱을 지우지 말아요. 조금 천천히 가는 건 어때요? 우린 아직 할 말이 많잖아요.

이게 뭐라고 이리도 아쉬운 걸까?

꽃비
종이(CANSON MONTVAL 300g/m2 중목) 위 수채 물감
32×24cm

신풍 아파트
서울시 영등포구 신길로 108
종이(CANSON MONTVAL 300g/m2 중목) 위 수채 물감
32×24cm

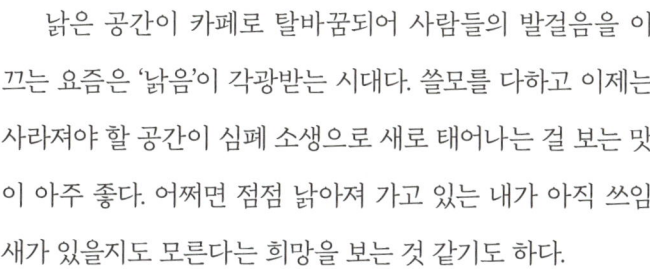

낡음 예찬.

낡은 공간이 카페로 탈바꿈되어 사람들의 발걸음을 이끄는 요즘은 '낡음'이 각광받는 시대다. 쓸모를 다하고 이제는 사라져야 할 공간이 심폐 소생으로 새로 태어나는 걸 보는 맛이 아주 좋다. 어쩌면 점점 낡아져 가고 있는 내가 아직 쓰임새가 있을지도 모른다는 희망을 보는 것 같기도 하다.

켜켜이 묻어 있는 갖가지 흔적과 서사가 깊이 배어 있는 이런 아파트를 보면서 '낡음'은 더 이상 흉한 게 아니라고 생각했다. 문득 고향집 허름한 마루에 걸터앉아 느끼는 그런 풍요로움이라고 생각했다.

물은 사라지더라도 추억은 스며든다

색은 이리저리 물을 따라 움직인다. 물이 말라 사라지면 색은 지나온 흔적 그대로 종이에 스며들어 추억의 무늬를 만든다.

색이 물의 경계에 다다르면 더 가고 싶어도 갈 수 없어 그대로 말라 애절하게 뭉친 흔적 한 줄을 선명하게 남긴다. 어쩌다가 다른 색을 만나면 서로의 색을 정복하지 않고 한 발짝만큼만 내어준 채 그대로 말라 종이 위에 독특한 그라데이션을 만들기도 한다. 물이 색을 품고 중력을 따라 흐를 때 종이 언덕을 만나면 에둘러 크게 휘돌아 흔적을 만들기도 하고, 종이 웅덩이를 만나면 이 색, 저 색이 한데 모여 갇혀 있다가 탈출하지 못한 채 말라 진한 혼돈의 색을 만들기도 한다. 어쩌다 물기가 충분치 않으면 흐르는 속도가 느려져 이내 가려던 곳을 가지 못하고 그 자리에 말라 아쉬운 흔적을 만든다. 이래저래 스며든 색은 고스란히 그림이 된다.

물은 사라졌지만 색은 스며들어 흔적을 남긴다. 지나온 시간이 만든 무늬가 이토록 아름다운 것인지 그때는 미처 몰랐다. 휘청거렸던 삶의 궤적마저 물과 색이 만든 이 그림만큼 아름다울 수 있다는 걸 이제 생각한다. 그땐 말라 없어지는 것조차 힘에 겨웠고 아쉬웠는데 이제 돌아보니 그게 그림이었다.

추억은 스며들어 이렇게 아.름.답.다.

비와 사람
종이(CANSON HERITAGE 300g/m2, Rough) 위 수채화
18×26cm

물방울의 삶
종이(CANSON MONTVAL 300g/m2 중목) 위 과슈
12×12cm

응집력 vs 중력.

물방울의 응집력과 지구 중력 간의 질긴 싸움 구경을 한다. 창유리를 타고 흘러내리는 물을 모아 커질 대로 커진 물방울이 중력을 못 이겨 이내 주르륵 흘러내린다. 응집력으로 단단히 버티던 물방울의 마지막 순간인데 달리 보면 희열과 아쉬움이 공존하는 순간이다. 흘러내림은 마치 번개처럼 화려한데 영롱하게 담고 있던 세상은 그 틈에 와르르 사라진다. 결국 중력이 이길 수밖에 없는 뻔한 싸움이지만 그럼에도 끝끝내 중력을 이겨내고 방울방울 비 갠 하늘을 고스란히 담아 영롱하게 유리창에 붙어있는 몇 개의 물방울에 박수를 보낸다.

뜬금없이 중력 같은 사람이 되어야 한다고 생각했다. 어디에나 있으면서 한결같은 힘과 방향을 갖추고 있는 사람이 되어야 한다고 다짐했다. 그냥 변덕스럽지 않은 사람이었으면 한다는 소리.

비 내리는 오후, 유리창 앞에서 멍때리는 중. 물방울을 매직아이처럼 보는 중.

오 월.

오월이 되면서 신선한 에너지가 코끝에 맴돌기 시작했다. 이천의 들녘을 자동차로 달리다 논과 축사가 잘 어울리는 장면을 마주하고 주섬주섬 그림 도구를 꺼내 이 그림을 그렸다. 오월이 주는 감성과 이천의 목가적인 풍경은 궁합이 잘 맞아 보였으니까. 소가 큰 울음소리를 낼 것 같았는데 마치 '오~월~' 하고 울어도 전혀 어색하지 않을 그런 풍경이었다.

오월은 주말을 앞둔 목요일 밤 같은 느낌이다. 할 일이 많아 벅찬데 왠지 여유롭다고 할까? 오월은 아무리 힘들어도 위로해 줄 사람이 많을 것 같은 사랑의 달이고, 목요일은 열심히 일해서 힘에 겹지만 퇴근할 무렵에는 주말을 기다리는 설렘이 금요일보다 더 강해서 근거 없이 그냥 좋은 날이다.

사는 게 이렇게 낭만이었으면 좋겠다. 아침에 신은 양말의 색깔로 그 하루의 기분이 은근히 좋아지기를 바라고 셔츠의 단추를 중간 하나만 채울지 말지를 결정할 때도 오늘 하루 좋은 일이 생길 것 같은 쪽을 선택하는 낭만 말이다. 계절이 바뀌는 것에 몸이 반응하고 월요일과 목요일이 가지고 있는 에너지가 서로 다르다는 걸 느끼며 사는 정도의 낭만이면 어떨까?

오월의 이천
경기도 이천시 소고리
종이(300g/m2 중목) 위 만년필 & 수채 물감
34×24cm

낙엽에게 물었다
"기분이 어때?"
낙엽이 말했다
"지금이 **딱 좋을** 때야"
'......'

떨어져 생을 끝내는
그런 애처로운 **슬픔**이 아니었다
어쩌면 여름내 그리워했던
땅과의 재회일지도 모르겠다고 생각했다.
떨어지는 게 다 슬픈 건 아니다.

가을 낙엽을 그리다
종이(CANSON MONTVAL 300g/m2 중목) 위 수채 물감
32×24cm

수채화에 담긴 지혜.

수채화는 물이 그리는 그림이다. 제 역할을 다하고 색만 남겨둔 채 물은 사라지지만 물 없이는 꼼짝 못하는 색은 늘 물이 고맙다. 상선약수上善若水라 했다. 최고의 선은 물과 같다는 말. 물은 주변에 순응하고 욕심이 없다. 비켜 갈 줄 알고 섞일 줄 안다. 이렇게 만들어진 흔적은 아름답기까지 하다.

물이 지구를 그렸다. 바다의 경계라든지 강이 지나가는 자리나 산의 깎임은 결국 물의 흔적이니까. 우리가 보는 지구의 무늬는 결국 물이 만든 흔적이니까. 어쩌면 지구도 수채화일지도 모른다.

가을을 수채 물감으로 그린다. 형형색색의 가을 색을 칠한다. 물을 따라 번짐, 섞임, 스며듦으로 색이 움직이는 것을 눈으로 보면서 인생이 이런 것일까 생각했다.

1. 수채화처럼 처음엔 통제할 수 없이 흘러가는 인생 같았지만 경험이 쌓여 얼추 통제 가능한 게 인생이더라.

2. 나를 용해시켜 줄 게 무엇일까? 딱딱한 고체 같은 나를 유연하게 해줄 물 같은 걸 찾아야 인생의 그림이 그려질 테니까. 신앙일까? 돈일까? 명예일까? 무엇일까?

3. 번짐과 섞임과 스며듦의 공통점은 유연함이다. 내 것을

내어줄 줄도 알아야 하고 받아들일 줄도 아는 지혜가 있어야 인생 좀 쉽게 사는 것 같다.

4. 색이 섞일 때는 서로의 색을 지키면서 한 발씩 내어주어 또 다른 색을 만든다. 이래야 내 삶도 좀 컬러풀해지지 않을까?

5. 결국, 스며듦이다. 종이의 결을 따라 색이 스며들어 안착해야 그림이 되는 것처럼 우리는 어쩌면 뭐든 스며들 시간을 기다려야 하는 건 아닐까.

Colorful Autumn
종이(CANSON MONTVAL 300g/m2 중목) 위 수채 물감
32×24cm

근심관리법.

근심을 피할 수 있을까? 그냥 이놈의 근심은 늘 내 속에서 기생하며 살고 있는 것 같다. 이놈은 어느 날 홀랑 마음에 들어와서는 '내 걱정'을 먹으면서 자란다. '걱정'을 끊어서 이놈의 살길을 막아야 하겠지만 어디 그게 쉬워야지. 난 극'I'의 '생각 많은 사람'이라 천성이 '걱정인형'인 걸.

'별일 없을 거야.'

의외로, 이런 막연한 초긍정주의 '주문'이 딴딴하고 계획적인 근심 관리보다는 근심을 덜어내는 특효의 관리법이라는 것을 최근 깨달았다. 이 '맘먹기 나름'의 패치를 내 두뇌와 심장에 이식하려고 꽤 노력하고 있기도 하다.

이 그림은 '신리성지'를 그린 그림. 여기같이 고요하고 편안한 곳을 가면 사람과 건물, 하늘, 하다못해 공기와 냄새까지 내게 이런 말을 하는 것 같다.

"살아보니, 그때뿐이야. 뭐, 별일 없더라고."

그래, 근심을 마주할 때는 '맘먹기 나름'이라는 정신 승리가 중요한 거지. '별일 없을 거야', '뭐, 별일 없더라'며 단숨으로 내뱉는 주문을 외는 게 좋겠다. 이게 은근 힘이 되더란 말이지.

신리성지와 하늘
충청남도 당진시 합덕읍 평야6로 135 신리성지
종이(300g/m2 중목) 위 수채 물감
32×24cm

키오스크 아웃.

"키오스크로 주문하실게요!"

종업원이 이렇게 외계어를 말하면 나는 뒤도 안 돌아보고 가게를 나온다. 내가 기계치라거나 '키오스크 포비아'를 가지고 있어서 도망치는 것은 절대 절대 아니다. 키오스크 화면과 대화하고 싶지 않은 순수함 때문이다. 사는 사람과 파는 사람이 적어도 얼굴 보면서 말로 주고받는 주문이 인류애를 지키는 일이기 때문이다. 이 인류의 태생적 본능이 무시되면 인류는 사라질지도 모르니까. 인류를 지켜내고야 말겠다는 UN적 사고방식에 기반한 '키오스크 아웃'을 몸소 실천하는 거니까 이건 박수 받아 마땅하다.

강화 교동도의 대룡시장은 인류애가 가득했다. 사고 파는 이의 눈짓, 몸짓의 훈훈한 에너지가 활발히 교감하는 곳. 눈을 보면서 웃었더니 주인 아주머니가 떡 하나를 더 주더라. 사는 게 퍽퍽할 때 찾아와 인간미 흠뻑 젖을 수 있는 삐삐 시대 이전의 '응팔 시대' 같은 여기를 그래서 좋아하기로 했다.

교동도 대룡시장
인천시 강화군 교동면 교동남로 35
종이(300g/m2 중목) 위 라이너 & 수채 물감
24×32cm

바나나.

 겉은 멍들고 생채기가 나 까칠한 껍질인데 속은 물러 터진 하얀 속살의 바나나가 어쩌면 그렇게 나와 같을까? 이 바나나를 먹지도 않고 아침부터 측은하게 바라보다 그림으로 그린다.

 나는 내 마음에 두터운 껍질을 싸매고 산다. 이 껍질은 온갖 세월이 달라붙어 더 단단해지는 것 같기도 하다. 어쩌면 말랑말랑한 마음을 지키려는 일종의 보호막인지도 모르겠다. 그래서 껍질 속에 담아둔 마음을 표현하는 데 참 서투르다.

 갑각류는 껍데기를 벗는 탈피의 순간이 있어야 더 큰단다. 가장 위험한 순간이지만 또 가장 필요한 순간이라 했다. 이제 몸이 더 클 일이야 없겠지만 옹졸한 마음만 보면 아직 어린애 같아서 나에게 탈피의 순간은 꼭 필요하다고 생각했다. 꽁꽁 싸맨 껍질을 훌러덩 벗고 맨살을 고스란히 드러내 마음을 표현하는 것만큼은 좀 하고 살아야겠다.

 다정함을 주었다가 상처로 돌아오는 걸 겁냈다. 다정함에 뭘 바라거나 자존심을 넣을 필요는 없다고 생각했다. 다정함이 그리 비쌀 필요는 없으니까. 내 다정함은 오백 원을 넘지 않기로 했다.

이러면 나한테 바나나
종이(300g/m2 중목) 위 라이너 & 수채 물감
32×24cm

그림은 나이로 그린다

그림은 살아온 시간으로 그린다고 생각한다. 켜켜이 쌓인 생生의 이야기가 스며든 어떤 장면을 그렸다면 그것이 좀 우습게 그려졌다 한들 그 느낌과 그 안에 담긴 이야기까지 우스워지는 것은 아니다. 그래서 그림은 나의 이야기를 빼곡히 담은 LP판이라고 생각한 적이 있다. 그저 플라스틱 원판에 불과하지만 그 안에 담겨있는 아름다운 음악 때문에 가치가 있는 LP판 말이다.

색이 바래 볼품없어진 LP판에 핀을 올렸을 때 들려온 빌리 조엘Billy Joel의 〈피아노 맨〉이 선사한 감동을 잊을 수 없다. 살아온 시간을 꾹꾹 눌러 그려 넣은 나의 그림을 어느 날 보다가 그 안에 담긴 이야기가 문득 음악처럼 흘러나와 가슴이 벅차오른 적도 많았으니까. 느지막이 그림을 그린다고 멋쩍어 할 필요는 없다는 이야기다.

여든이 훨씬 넘은 나이에 그림을 배워보려고 한다는 어르신의 글을 읽었다. 거기엔 멋쩍음이 배어 있었다. 은퇴를 하고 이 나이에 그림에 노욕을 부린다는 어르신도 계셨다. 한결같이 나이를 탓하거나 나이를 겸연쩍어 하셨다. 그때마다 그림 그리기 딱 좋은 나이라고 댓글을 달아 드렸다. 여든 살에 그리는 그림은 그 누구의 그림보다도 스며든 이야기가 훨씬 많으니까. 깊은 생의 이야기가 묵직한 울림을 주기에 충분하니까.

세상을 보는 눈은 누구보다 절절하니까. 이때 그리는 그림은 훨씬 가치가 있다고 생각할 수밖에 없다. 그림은 정말 나이로 그리는 거다. 그림은 정말 시간이 그리는 거다.

바다에서 한곳을 바라보다
전라남도 완도군 신지면 신리
캔버스 위 아크릴 물감
32×32cm

늦지 않았다.

　노오란 색의 카페가 파아란 하늘과 대비되며 꽤 상쾌한 분위기를 자아냈다. 제주의 현무암은 주변 색을 머금어 독특한 검은색이었는데 이게 바닥에 깔려 있으니까 전체적으로 멋스러운 조화를 이루었다. 이때의 공기와 바다 냄새가 좋았지만 이것까지 그릴 재주는 없었다. 그저 나만 알아챌 수 있는 방법으로 최대한 욱여넣어 이 그림을 완성했다.

　이 그림은 내 유튜브의 첫 영상을 위한 것이었다. 감사하게도 이 영상 이후로 많은 분들이 내 그림으로 위로를 얻었다고 말해 주었다. 나 따위가 누굴 위로할 수 있다는 것만으로도 감사했지만 전적으로 그림이 주는 힘이 원래 그런 거라고 생각했다. 이 그림을 시작으로 모여든 주요 구독자들은 대부분 50대가 넘은 분들이다. 그중에는 60~70대의 어르신들도 많았다. 느지막이 그림을 그린다고 스스로에게 핀잔을 주면서 겸연쩍게 웃으시던 어르신들이 기억난다. 그러면서도 그림 때문에 즐겁고 행복한 표정은 감출 수 없이 역력했다. 사실 이게 제일 고마운 일이다. 그림이 삶에 어떤 가치를 주는지 눈으로 확인했던 순간이다.

　실력을 떠나 그림 그리기 제일 좋을 때는 나이를 어느 정도 먹었을 때다. 켜켜이 쌓아온 세월만큼 눈으로나 마음으로 많은 것을 봐왔으니까 그림으로 그리고 싶은 것도 그만큼 많기 때문이다. 앞으로 볼 모든 장면만큼은 꼭 그림으로 간직하고 싶을 만큼 남은 인생이 값지다는 것을 알 나이가 되었으니까. 모든 순간순간이 소중하니까. 그만큼 말하고 싶은 이야기가 무궁하게 많기도 하니까.

그러니까, 그러니까, 늦지 않았다.

노오란 카페와 파아란 하늘
제주 제주시 애월읍 애월로1길 25 봄날
종이(300g/m2 중목) 위 네임펜 & 수채 물감
32×24cm

은퇴.

이천의 풍경에 노랑의 색이 보이기 시작했다. 노랑은 가장 어른의 색이다. 성숙의 여름을 지나 완연完然의 가을이 되면 어김없이 '노랑'이 등장했으니까.

아직 은퇴를 고려해야 할 나이는 아니지만 이렇게 '노랑'이 등장하면 어느 때부터인지 자연스럽게 은퇴라는 단어가 연결되었다. 누구에게나 찾아올 이 시간을 미리 생각해 보는 게 즐겁기도 하고 그만큼 내 생이 값지고 소중하기 때문이기도 하다. 어디서 들었는지 잘 기억이 나지 않지만 이런 말을 듣고 꽤 고개를 끄덕였다.

'은퇴의 삶은 죽음을 준비하는 삶이다.'

태어났으니까 어쩔 도리 없이 주어진 대로 살았다면 이제 은퇴의 삶은 내 의지대로 잘 죽기 위해 사는 삶이다. 그래서 '은퇴'를 잘 죽기 위한 '두 번째 인생'이라고 바꿔 말하기도 한다. 나는 나의 죽음이 태어난 일보다 더 축복받는 것이기를 바란다. 그러려면 은퇴의 삶은 곧 나의 죽음을 위한 꽤 의미 있는 삶이 되어야 한다.

은퇴를 하면 시간 부자가 되니까 다른 이들을 위해 시간을 쓰겠다고 마음먹는다. 미래에는 시간이 화폐가 된다는데 이걸 다른 이들을 위해 쓴다는 건 의미가 있다고 생각한다.

살아온 경험에다가 함께 그림을 그리는 일까지 보태면 충분히 위로가 넘치는 매력적인 만남이 만들어지지 않을까 생각하니 엄청 설레기도 한다.

노랑이 가득한 가을이 오면 나는 나의 생이 행복할 거라 믿어 의심하지 않는다. 아, 이게 이렇게 설렐 일이라니.

가을 이천에서 노랑을 사색하다
경기도 이천시 대월면 초지리
종이(300g/m2 중목) 위 만년필 & 수채 물감
21×14cm

지하철 블루스
종이(300g/m2 중목) 위 만년필
21×14cm

지하철 블루스.

대략 4년 전쯤이었을까? 지하철을 타면 으레 음악을 듣는다. 그날은 이어폰을 귀에 꽂고 내가 직접 부른 노래를 찾았다. 느낌을 최대한 끌어올려 피아노 반주에 맞춰 블루스 스타일로 불렀던 〈하숙생〉이라는 노래인데 어떤 모임에서 부른 걸 누군가 녹음해서 보내준 거다.

아무리 그래도 내가 내 노래를 듣는 건 닭살 돋아서 쉬운 일은 아닌데 그날은 용기를 내서 그 노래를 듣기 시작했다. 그날 따라 지하철 소음이 심해서 볼륨을 좀 더 높이기도 했더랬다. 나름 느낌 있게 잘 불렀다. 멜로디와 가사가 가슴을 울렸다. 제대로 심취했더니 한 번 듣기에는 아쉬워서 한 번 더 들었다. 그것도 아주 자연스럽게.

바로 옆에 있던 청년이 못 참겠다는 표정으로 나에게 말을 건다.

"혼자만 들어주시죠!"

짜증난 얼굴에 입가의 조롱이 보였다.

'......'

아, 가슴이 발목 아래까지 내려앉았다. 이어폰에 블루투스가 연결이 안 됐던 거다. 지하철 안에 있던 모든 사람들이 내 노래를 다 듣고 있었던 거였다. 참다 못한 그 청년은 아마도 두 번은 결코 듣고 싶지 않았던 모양이다. 아니, 한 번은 왜 다 듣고 있었던 거냐고.

'지하철 사람들'을 그림으로 그리면서 오랜만에 그 기억이 떠올랐다. 이런 게 인생이지 뭐. '인생은 나그네길, 어디서 왔다가 어디로 가는가.'

투스카니 호텔
미국 라스베이거스
종이(300g/m2 중목) 위 만년필
21×14cm

비워내기.

라스베이거스에서의 마지막 날, 출장 업무가 끝났기도 했고 생각도 정리할 겸 오랜만에 입을 다물고 눈과 귀만 연 채 혼자 보낸 세 시간은 너무나 귀했다.

비워내고 덜어내는 일이 토하는 것만큼 꽤 힘들고 어려운데 굳이 꾸역꾸역 채우고 싶어 욕심부리며 산다. 이제 그만해도 될 것 같은데 욕심은 그렇게 욕망이 되어 채워진다. 먹은 것 없이 가스만 차 더부룩한 배처럼 거북스럽다 못해 쓰리고 아프다.

여기저기 둘러본 후 터벅터벅 긴 걸음을 걸어 투스카니 호텔로 돌아와 현관 앞 의자에 앉았다. 한숨 한 번 쉬고 바라본 이 그림 같은 풍경은 생각이 많았던 세 시간의 비워냄 때문에 더 정겨웠는지 모른다. 살짝 부는 바람 소리에 새소리가 섞이니까 좋았고 지는 해가 만든 진하고 긴 그림자도 꽤 좋았다.

아 버 지 .

양평 집에 굴러다니는 볼펜을 집어 들어 종이에 대충 그린 아버지의 그림을 꺼낸다. 방 안의 텔레비전은 혼자 큰 소리로 떠들고 있었고 아버지는 이가 없는 입술을 앙다물고 미간을 살짝 찌푸리며 무엇인가에 집중하고 계셨다. 그때의 아버지가 이랬다. 그리고, 이 그림이 마지막이었다.

쾌쾌하게 오래된 이 그림을 볼 때면 그때의 아버지가 고스란히 생각나서 빛바랜 아버지의 사진보다 이 그림 속의 아버지를 더 좋아한다.

어느 날 불쑥 내가 아버지의 나이를 살아간다고 느껴지는 순간이 있다. 지금의 내 나이였을 그때의 아버지는 이런 마음으로 그랬었구나. 나는 비로소 그때의 아버지를 이해하곤 한다. 어쩌면 죽는 날까지 아버지의 시간으로 천천히 아버지를 이해하는 게 아들의 삶이라고 생각했다. 어쩌면 나는 아버지를 닮았는지도 모른다.

문득, 아버지가 그립다.

아버지, 집중하시다
경기도 양평군 서종면 수입리
종이 위 볼펜
15×15cm

고양이.

어렸을 때
우리 집 시골 고양이들은
자기가 필요할 때 알랑대는 것 말고는
사람을 잘 따르지 않았다.

며칠 안 보이다 나타나서는
털썩 배를 까고 귀염을 떠니까
오히려 더 매달린 건 나였다.

그래.
사람이나 동물이나
더 좋아하는 쪽이 지는 거다.
아니, 더 좋아하니까 져야 하는 거다.

고양이 라떼
종이(300g/m2, Cold pressed) 위 수채화
21×14cm

낭 만 에 대 하 여 .

벨 에포크Belle Epoque는 '아름다운 시절'이라는 뜻이다. 나는 이걸 낭만의 시대라고 부른다. 헤밍웨이Ernest Hemingway, 피카소Pablo Picasso, 르 코르뷔지에Le Corbusier. 이 세 사람이 동시대에 파리에서 살았으니 이 시절을 이렇게 불러도 충분하다고 생각했다. 이 세 사람을 그림으로 그리는데 어찌나 부럽던지 어째서 그 시절은 다시는 안 오는가 생각했다.

어쩌면 세상은 삐삐 시대에서 멈췄어야 했다. 적당히 느린 속도에 낭만이 있었기 때문이다. 기꺼이 기다림을 감수한다거나 정보를 얻기 위해 발품을 파는 정도는 그때엔 일상적인 낭만이었다. 지금은 너무 빠른 세상이다. 손 안의 스마트폰 하나면 세상 돌아가는 걸 한눈에 알 수 있어서 낭만이 자랄 틈이 없다. 머리에 넣어야 할 정보의 양이 무한히 많아서 그 사이를 비집고 낭만이 자리 잡기란 여간 쉽지 않다. 어쩌면 이 세 사람이 누렸을 적당히 느려 아름다웠던 낭만의 시대는 다시는

르코르뷔지에
1887 - 1965.

오지 않을 것 같은 생각에 서글프기까지 하다.

그나마 나에게서 발견한 낭만이 그림 그리기다. 먹고사는 데 아무 도움이 안 되는 그림을 그리지만 이게 낭만인 걸 어쩌냐며 두 팔 벌려 으쓱댄다. 굳이 먼 길을 찾아가 그림 하나 그리고 오는 비효율의 극치를 보여주지만 이게 낭만이라며 시대의 낭만쟁이를 자처한다. 낭만의 시대만큼 널린 게 아니라서 낭만은 이제는 스스로가 찾아야 하는 보물과도 같은 것이라 생각했다. 어쩌면 이렇게 보물을 찾아다니다 헤밍웨이, 피카소, 르 코르뷔지에 같은 사람들을 우연히 만날지도 모른다는 생각에 설렌다. 혹시 알아? 꿈에도 몰랐던 낭만의 보물섬을 발견하게 될지도.

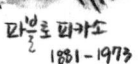

낭만, 세 남자
종이 위 만년필
21×14cm

늦가을 가평
경기도 가평군 설악면 유명로 961-34
종이 위 만년필
21×14cm

SALON DE ETERNAL JOURNEY · ü. 개포동

아무튼 위로.

어느 날 친구에게 지친 나를 위해 내 편이 되어 달라는 말을 꽤 논리적으로 그럴듯하게 말한 적이 있다. 머릿속에 드는 생각을 조합해서 꾸며 말해 놓고 혹시 책에서 본 게 아닐까 의심까지 했던 꽤 그럴듯한 이야기가 이 그림을 그리면서 생각난 건 이곳은 늘 나에게 위로를 주었기 때문이다.

사람은 하루 한 번 꼭 '위로'가 필요해.
 인류의 조상들은 위험한 사냥을 하고 신경이 곤두선 채 하루를 마무리했는데 그렇게 해가 지고 깜깜한 밤이 찾아오면 그때부턴 곤두선 긴장을 풀어줘야 했거든. 그러지 않으면 아무것도 보이지 않는 어둠과 적막함에 하루 종일 곤두섰던 신경이 독이 되어 위험했기 때문이야. 그래서 불을 피워 적당한 온기와 상대의 얼굴 정도 보일 만한 적당한 밝기를 만든 다음, 주변 사람들의 따뜻한 말을 듣는 거야. 무엇보다 무조건 내 편이 되어 내가 옳다고 말해줄 사람은 반드시 필요했어. 이런 대화로 위로를 받아야 다음 날 사냥을 나갈 힘이 생겼으니까. 그러니까 너도 무조건 내 편이 돼서 내가 옳다고 말해줘.

생각해 보면 지금도 우리는 이런 비슷한 걸 하면서 하루의 긴장을 푼다. 불 꺼진 거실의 텔레비전에서 나오는 빛으로 적당한 밝기를 만들고는 이런저런 대화를 하며 하루를 정리한다거나 친구와 어스름한 불빛의 식당에서 잔을 부딪치며 위로를 주고받다 보면 그날의 긴장이 사라지고 다시 살아갈 힘이 생기는 것 같은 경우다.

밤이 되면 따뜻한 온기와 모닥불 정도의 조명이 있는 공간에서 그날따라 지쳐 보이는 누군가에게 이렇게 말하면 좋겠다.

"무슨 일이든, 당신이 옳아요. 너무 고생 많았어요."

끝.

    남해의 '다랭이마을'을 지도에서 찾아보면 남쪽의 끝에 있다. 더 갈 수 없는 땅의 끝에 서면 누구나 생각이 많아지는 것은 어쩔 수 없나 보다.

    동화처럼 아름다운 땅끝 '다랭이마을'을 물끄러미 보다가 어떤 것이든 '끝'이 이렇게 아름다우면 좋겠다고 생각했다. 저 북쪽 위에서 남쪽 끝까지 오는 동안 불순물은 걸러지고 제일 좋은 것들만 남아서 오밀조밀 모여 있는 것 같았으니까. 걸러지고 걸러져서 가장 깨끗하고 순수한 것만 마지막에 남은 것 같았으니까.

    더 갈 수 없이 '끝'일 때 서운하고 아쉬운 건 어쩌면 당연하지만 나의 '끝'이 이 그림처럼, 이 마을처럼 가장 좋은 것들만 남아 영롱하게 아름다울 수 있다면 좋겠다.

땅끝, 다랭이마을
종이(CANSON MONTVAL 300g/m2 중목) 위 만년필 & 수채 물감
21×14cm

그리다가, 뭉클

1판 1쇄 발행 2024년 10월 2일
1판 4쇄 발행 2024년 11월 11일

지은이 이기주
발행인 김정경
책임편집 한소진 **마케팅** 김진학 **디자인** 형태와내용사이

발행처 터닝페이지
등 록 제2022-000019호
주 소 04793 서울 성동구 성수일로10길 26 하우스디 세종타워 본동 B1층 101/102호
전 화 070-7834-2600
팩 스 0303-3444-1115
대표메일 turningpage@turningpage.co.kr
인스타그램 www.instgram.com/turningpage_books
페이스북 www.faceboook.com/turningpage.book

ⓒ 이기주, 2024
ISBN 979-11-93650-11-0 03810

- 잘못된 책은 구입하신 서점에서 바꾸어 드립니다.
- 책값은 뒤표지에 있습니다.
- 터닝페이지는 여러분의 소중한 원고를 기다리고 있습니다.
  원고가 있으신 분은 **turningpage@turningpage.co.kr**로 간단한 개요와 취지, 연락처 등을 보내 주세요.